댓글 읽어주는 기자들

댓글 읽어주는 기자들

지은이 김기화 · 강병수 · 옥유정 · 정연욱
펴낸이 임상진
펴낸곳 (주)넥서스

초판 1쇄 인쇄 2024년 1월 30일
초판 1쇄 발행 2024년 2월 1일

출판신고 1992년 4월 3일 제311-2002-2호
주소 10880 경기도 파주시 지목로 5
전화 (02)330-5500 팩스 (02)330-5555

ISBN 979-11-6683-790-6 03300

가격은 뒤표지에 있습니다.
잘못 만들어진 책은 구입처에서 바꾸어 드립니다.

www.nexusbook.com

기레기가 되기 싫은 기자들의 유튜브 실험

댓글 읽어주는 기자들

김기화
강병수
옥유정
정연욱
지음

넥서스BOOKS

추천사

〈댓글 읽어주는 기자들〉은 레거시 미디어의 고민을 유쾌하게 풀어 나갔다. '유쾌하게' 풀었다는 건 이 책의 대표 저자인 김기화 기자의 천성과도 관련이 있어 보이긴 하지만, 이른바 디지털 세상에서 택할 수 있는 가장 적합한 방법론이기도 했을 것이다.

솔직히 말하면 나는 요즘 들어 디지털을 넘어 레거시까지 침투한 그런 방법론에 그리 익숙하지 않다. 때로는 문제의 본질을 가려 버리는 '유쾌함'을 좋아하지도 않는다. 그럼에도 단 한 가지의 이유만으로 〈댓글 읽어주는 기자들〉은 이해할 수 있다. 그 이유는 이렇다.

내가 있던 MBC는 과거에 〈미디어 비평〉이란 방송사 최초의 본격적인 매체 비평 프로그램을 만들었었다. 나는 그 초대 진행자였고, 내가 주장했던 것은 '자사 비평을 꼭 해야 한다'라는 것이었다. 그래야만 시청자를 설득할 수 있을 것 같았다. 여러 가지 이유로 그 프로그램은 오래 지속되지 못했다.

JTBC로 옮겨 와서도 다시 매체 비평 프로그램을 만들어 보고 싶었지만 결국 그렇게 하지 못했다. 한 번은 중도에 그만뒀고, 한 번은 시도조차 못했던 이유는 분명하다. 고답적인 방법론으로는 그런 무거운 짐을 견뎌낼 하부 토대가 약했기 때문이다. 매체의 자기 비평은 그만큼 어렵다.

〈댓글 읽어주는 기자들〉은 '유쾌함'으로 그 무거움을 줄였다. 그렇게 함으로써 자사 내부는 물론 언론 소비자인 시민을 설득할 수 있었다는 데에서 명분을 찾았을 것이다.

단지 악플이라는 돌팔매질에 몸을 웅크리고 있거나 기껏해야 투덜대고 있을 것이 아니라, 돌 던지는 그들을 미디어의 장으로 직접 끌어들여 설득하고, 안 되면 대놓고 사과하면서 부딪히는 것. 그 과정에 필연적으로 등장할 언론사 내부의 불협화음조차도 그 장에서 녹여낼 수 있는 가장 그럴듯한 방법론이었다. 그렇다. 그런 '유쾌함'도 문제의 본질을 가리는 것으로 폄훼될 필요는 없어 보였다.

본의 아니게 나는 이 추천사의 문장을 모두 과거형으로 쓰고 있다. 추천사를 쓰는 와중에 〈댓글 읽어주는 기자들〉의 폐지를 전해 들었기 때문이다. 유쾌하지 않다.

손석희 언론인

소통은 어렵다. 소통은 비효율적이다. 때로 비합리적으로 느껴지기까지 한다. 그 힘든 소통을 하다 보면 '굳이'라는 생각이 슬며시 들기 시작한다.

그러나 소통은 필수다. 소통은 생존이다. 호모 사피엔스가 살아남아 현생 인류의 조상이 된 것은 소통과 협력 덕분 아니었던가.

1만 개 넘는 인터넷 신문사가 등록되어 있고, 헤아릴 수 없는 1인 미디어가 활동하는 시기. 목소리를 내겠다는 사람은 많지만 그 소리의 메아리를 들으려는 사람이 있기나 할지, 수많은 매체 운영자가 소통을 고민이나 할지, 그건 의문이다.

말하는 만큼 듣고, 들은 만큼 실천하겠다는 〈댓글 읽어주는 기자들〉이 만들어지고 사랑받은 건 어찌 보면 당연했을 터이다.

소통을 위해 통로를 만들고, 시청자와 청취자, 구독자의 댓글을 모아서 읽고, 설명하고 반성하며 쌍방향 소통을 시도했으니까. 〈댓글 읽어주는 기자들〉을 기획한 김기화 기자는 1년 넘게 일일이 대댓글을 다느라 손가락 건초염까지 걸렸으니까.

이 책은 바로 그 5년의 시간과 공간을 돌아본다. 25만 구독자와 함께한 성공과 실패를 정리한다. 이 책이 〈댓글 읽어주는 기자들〉의 끝이 될는지 혹은 새로운 시작이 될는지, 독자 여러분이 해 주실 소통이 몹시 궁금하다.

이금희 방송인

기특하다. 〈댓글 읽어주는 기자들〉을 쭉 지켜본 마음을 한마디로 요약하면 그렇다. 현실이 이렇게 시궁창인데, 소통한다고? 그런데 〈댓글 읽어주는 기자들〉은 했다.

인간이 느끼는 공포 중에서도 극복하기 어려운 게 '고립감'이다. 고립은 죽음을 의미하고, 고립된 인간 개체는 죽음을 피할 수 없으며, 죽음에 이르기까지 고통에 시달려야 한다. 특정 집단에서는 고립되더라도 바깥의 많은 이로부터 지지를 얻기도 하지만, 보통의 인간은 이를 상상할 수 없고, 감행하기가 어렵다. 중요한 건 동료 집단이나 귀속 집단이지, 기껏해야 '전설 속 상상의 동물'에 불과한 그 바깥의 사람들이 아니기 때문이다.

시민에게 봉사해야 할 저널리스트가 정작 시민과 만나려 하지 않게 되었다. 용이 되어 구름 속을 날아가는, 아무리 따져 봐도 허황되기만 한 일을 꿈꾸기보다 시궁창에서 다른 구렁이들과 함께 뒹구는 게 이무기에겐 합리적인 선택이었던 거다. 시궁창이 시궁창이라는 사실을 깨닫더라도, 차라리 다른 개울로 이주하는 게 낫다 싶었을 것이다.

‘본격 소통 방송’을 표방한 〈댓글 읽어주는 기자들〉이 동료 집단으로부터 배제되는 고통과 공포를 이겨 내고 시민과 융합할 수 있을까, 궁금했다. 하늘에서 들려오는 감미로운 음성에 취하기도 하겠지만, 하늘은 한 가지 색이 아닌 수천만 갈래의 빛깔이 뭉쳐 있는 거라는 데 절망하면 어쩌나 싶었다. 신기하게도 〈댓글 읽어주는 기자들〉은 꿈틀대며 암벽을 타고 올랐다.

그런데 아뿔싸! 시궁창에서 거대한 촉수가 올라와 이들을 끌어내리고 그물을 쳤다. 이무기들의 꿈틀꿈틀 승천 프로젝트를 기록한 이 흥미롭고도 진지한 책이 출간되기 직전에 벌어진 일이다. 현실이 시궁창이고, 또 시궁창이 현실임을 보여 주었다.

이 책에 담긴 〈댓글 읽어주는 기자들〉의 분투기는 한강 발원지 검룡소에 전해지는 슬픈 전설과 놀라울 만치 닮아 있다. 서해에 살던 이무기가 승천하기 위해 산속에 있는 못에 올라 도를 닦았다. 배고픈 이무기가 마을 가축을 잡아먹자, 마을 주민은 승천하려는 이무기를 향해 “저기 못된 구렁이 봐라.”라며 악담을 퍼부었다. 결국 이무기는 용이 되지 못하고 떨어졌다. 주민은 곧 못을 메웠고, 마을에 심한 흉년과 기근이 찾아들었다.

‘댓읽기무기’의 ‘댓읽기특함’은 다시 살아날 수 있을까? 또 다른 가능성을 품은 전설이 있다. 동해에 살던 이무기가 강을 거슬러 간 경주 외동마을은 가뭄이 들어 피폐해져 있었다. 이를 측은히 여긴 이무기가 비를 불러왔는데, 마을 주민은 신의 뜻인 줄 알고 기우제를 지냈다. 이무기가 승천할 날에야 영물을 알아본 주민이 입을 모아 “저기 승천하는 용님 보소!”라며 축원해 주어 용이 된 이무기는 매년 농번기에 비를 내려주며 보은했다.

이 전설이 마음에 든다. 그래서 오늘부터 ‘댓읽기우제’를 지내기로 했다.

정준희 교수

Prologue

진심은 언젠가 통할 거야

〈댓글 읽어주는 기자들〉은 대중의 기자에 대한 불신과 분노를 어떻게 풀어야 할지에 대해 고민하다 내린 답이었다. 사람 사이 갈등은 많은 경우 서로에 대한 오해에서 비롯된다. 이럴 때는 서로 진심을 담아 대화하면 풀리기 마련인데, 막상 먼저 손 내밀 용기가 없어서 오해가 풀리기는커녕 갈등만 더 깊어지는 경우가 많다. 이럴 때 누군가가 얘기할 수 있는 자리를 만들면 참 좋을 텐데. 기자와 대중 사이도 마찬가지다. 누군가 자리를 마련해 주면 좋겠다고 생각했다. 누가 하면 좋을까?

KBS 입사 직후에는 기자란 거대 자본과 권력을 감시하며 사회적 약자의 목소리에 귀 기울이고 법과 제도의 사각지대에서 고통받는 이들을 돕는 직업이라고 생각했다. 기사 하나로 시민에게 직접적으로 도움을 주면서 사회 발전에도 기여하는 멋진 직업이라고. 그러다 기자가 불신과 분노의 대상일 수도 있다는 걸 제대로 알게 된 계기는 2014년 4월 세월호 참사와 그 뒤로 이어진 기성 언론의 보도 참사였다.

세월호 보도 참사로 한국 언론의 민낯이 드러난 이후, '쓰레기 같은 기자들'이라는 뜻의 '기레기'라는 단어가 일상적으로 쓰이기 시작했다. 당시 나는 4년 차 사회부 기자였는데, 그 단어를 대하는 자세는 기자마다 달랐다. 어떤 기자는 '우리가 잘못한 부분이 많으니 욕먹어도 싸다, 우리가 변해야 한다'라고 했고, 다른 기자는 '아무것도 모르면서 함부로 말하는 대중은 신경 쓸 바 아니다'라고 했다. 기사 중에서 가장 잘못한 사례를 갖고 기자 일반을 폄훼하고, 기사 댓글 중에서 가장 악랄한 내용을 들고 와서 대중 일반을 무시하는 혐오의 굴레가 점점 커져만 갔다(그리고 지금도 진행 중이다).

기자와 대중 사이에 오해가 쌓이고 혐오가 커져만 가던 2016년, 나는 6년 차 정치부 기자였다. 나의 부주의와 회사 동료들의 실수로 표창원 당시 더불어민주당 의원 관련 기사에 오류가 발생했다. 이를 인지하지 못하고 평소와 다름없이 퇴근한 뒤에 자고 일어나 보니 항의 문자가 5백여 통, 부재중 전화가 수십 통 와 있었다. 떨리는 마음으로 오보 관련 상황을 파악해 보았다. 내가 제작한 표창원 의원 관련 리포트를 앵커가 소개하면서 멘트에 오류가 발생했고, 이와 관련해 표창원

의원이 SNS에 항의하는 글을 쓰면서 내게 항의 문자와 전화가 오게 된 것이었다.

원룸 침대에 걸터앉아 항의 문자를 보낸 한 명 한 명에게 모두 사과 문자를 보내기 시작했다. 내가 시청자에게 진심으로 사과하고 설명하면 이해해 줄 것이라고 믿었기 때문이다. 사과 문자를 쓰고 보내는 중에도 항의 문자들이 도착했다. 아침에 일어나 사과 문자를 일일이 보내고 나니 낮 2시가 넘어 있었다. 당시 휴대전화가 과열되어 몹시 뜨거웠던 기억이 난다. 내가 보낸 사과 문자에 대부분 답이 없었지만 의외로 따뜻한 내용의 답장이 도착하기도 했다.

> 안녕하세요, KBS 김기화 기자입니다. 설명을 드리자면 (중략) 해당 기사는 정정했고, 방송본은 온라인에서 삭제했습니다. 안 그래도 혼란스러운 시기에 불편을 드려 정말 죄송합니다. 앞으로는 이런 일 없도록 하겠습니다.

> 아, 그렇군요. 수고하십시오. 올바른 나라가 될 수 있도록 힘써 주세요, 기자님.

> 아침부터 문자 폭탄 받으셔서 힘드시겠지만, 기자님 기사 하나로 멘붕 오는 사람 없도록 해 주세요.

얼굴도 모르는 내 기사의 소비자와의 직접적인 첫 대면은 거대한 충격과 멘탈 붕괴로 시작됐지만, 진심이 담긴 사과와 소통은 통할 수 있다는 걸 깨달은 계기였다.

그로부터 2년이 지난 2018년, 나는 뉴스편집부에 발령이 난 8년 차 기자가 되었고, 일선 취재 현장에서 물러나 그동안 생각하기만 했던 대중과 기자 간의 진심 어린 소통에 대해 고민할 여유가 생겼다. '대중과 언론 사이의 오해를 줄이고 소통하기 위해 누군가 자리를 마련해야 한다면, 기자인 내가 하면 되지 않을까?' 하고 생각했다. '시민의 의견을 일일이 물어볼 수는 없으니 기사 댓글을 읽고 해당 기자가 설명하는 프로그램을 만들면 되지 않을까?'라고. 프로그램 이름은 '댓글 읽어주는 기자들'(이름 선정에 지대한 영향을 끼친 허 모 님께 감사의 마음을 전한다)이 좋을 거라고 생각했다. 마침 2018년 당시 뉴미디어라는 이름으로 유튜브가 한국에서도 한창 뜨고 있을 때였다. 나는 뜻을 함께하는 KBS 동료들을 모아 본격 소통 방송 〈댓읽기〉를 시작했다.

2018년에서부터 2023년까지 〈댓읽기〉 채널에 8백 개가 넘는 영상을 업로드했고, 구독자는 25만 명을 넘어섰다. 그동안 다양한 저널리즘적 실험이 시도됐고, 그만큼 어느 곳에서도 없었을 사건과 사고, 소통과 공감의 이야기가 쌓였다. 여기서 얻은 저널리즘적 고민을 이제 정리하고 '선별'하여 책이라는 신뢰도 높은 매체를 통해 공유할 때가 되었다고 판단했다.

이 책이 한국 언론에 대해 무한 불신을 지닌 사람부터 기자 지망생, 현직 기자, 기자를 상대해야 하는 사람에게까지 폭넓게 읽히길 바란다. 이 책은, 그리고 〈댓읽기〉는 김기화 기자 개인의 경험담 모음이 아니기 때문이다. 〈댓읽기〉는 출연진부터 게스트 기자까지 KBS 기자들이 5년간 겪은 경험을 함께 나누며 대중에게 한걸음 더 다가가기 위한 도전과 실험에 대한 이야기인 만큼, 이 책에는 언론에 관심 있는 이들이라면 누구에게나 닿을 수 있는 내용이 담겨 있다. 5년간 8백 개가 넘는 영상을 올렸으니 하나하나 하고 싶은 얘기가 넘쳐나지만 그중에서도 저널리즘적 고민을 담을 수 있고, 현시점에서 돌아볼 만한 가치가 있는 이야기를 골라 책에 담았다. 책에 담긴 꼭지글은 김기화, 강병수, 옥유정, 정연욱 기자가 나누어 썼다. 매 꼭지마다 이 책의 대표 저자인 김기화 기자가 기자로서 경험과 소회를 담은 '김 기자 코멘터리'를 썼다. 더불어 네 개의 PART 말미마다 '〈댓읽기〉 비하인드'를 두었는데, 이 방송의 제작과 관련된 이야기를 담았고, 유튜브 채널에서 구독자로부터 받은 질문에 답하는 형식으로 구성되었다.

이 책의 담당 기획편집자인 고나희 팀장에게 감사의 인사를 전한다. 처음으로 책을 써 보는 기자 넷을 '작가'로 만들어 내기 위해 치열하게 고민하고, 힘겹게 설득했던 그녀의 노력이 없었다면 이 책은 없었을 것이다. 대표 저자로서 그녀와 소통하며 느낀 바를 고백컨대, 고 팀장 또한 이 책에 '진심'이었다고 생각한다. 시청자께 그리고 〈댓읽기〉 구독자께 가장 큰 감사의 인사를 드린다. 〈댓읽기〉의 천방지축 시절부터 응원해 주신 초기 구독자부터 다양한 경로로 함께한 25만여 명은 우리의 도전과 실험의 동반자이며 또한 동지였다. 가욋일임에도 〈댓읽기〉에 선뜻 출연해 준 KBS 기자들에게도 감사의 인사를 드린다. 특히 후배 기자들의 〈댓읽기〉 출연을 허락해 준 선배 간부들에게도 감사를 전한다. 그들의 격려와 묵인이 단단한 반석이 되어 주었다. 더불어 〈댓읽기〉 제작에 함께해 준 오귀나 PD, 선상원 기자, 박은진 작가, 오진주 작가 그리고 임하은 작가의 헌신에도 고마움을 전한다. 자, 그럼 '4차 언론 혁명을 꿈꾸는 KBS 기자들의 본격 소통 방송, 댓글 읽어주는 기자들'의 이야기로 들어가 보자.

2024년 1월 KBS 신관 9층 시사제작국에서

대표 저자 김기화

일러두기

이 책은 기본적인 교정 규칙을 따랐으나,
작가 특유의 글맛을 살리고자 일부 비표준어 표현 및 입말을 허용했습니다

차례

PART 1

정체성과 생존

중심에서 발현된 변두리 정체성

- 김기화 기자님은 〈댓읽기〉의 중심인 거 아시죠?

- 항상 느끼는 거지만 김기화 기자는 저런 캐릭터로 어떻게 KBS 공채 기자가 된 건지. 선배들한테 '어떻게 KBS 붙었냐?'라는 소리 들은 적 없어요?

- 구독자 몇백 명 남짓일 때의 〈댓읽기〉부터 봐 왔습니다. 자학적이라고도 할 수 있는 이 프로그램을 단순히 재미있다는 이유로 보기 시작했습니다. 정권이 바뀌고, 함께하던 기자가 하나둘 떠나도 여전히 프로그램을 이어 가는 김기화 기자님. 동료들 기사를 지적하는 일이 결코 쉽지 않았을 텐데. 어렵게 지금의 자리를 지키고, 내부의 불편한 시선을 감내하며 여전히 우리와 함께하는 모습을 계속 응원하겠습니다. 〈댓읽기〉 파이팅!

〈댓글 읽어주는 기자들(댓읽기)〉은 반성과 실험으로 언론의 의미를 재고하는 기자들의 유튜브 채널이자 방송이다. KBS 기사 중에서 화제가 된 편을 골라서 해당 기사의 주요 댓글을 모으고, 해당 기자가 출연해서 그 댓글을 읽으면서 설명하는 형식이다. 기자와 기사에 대한 비판에 오해가 있다면 설명하고, 기자의 명백한 잘못이라면 반성하고 사과하며 방송을 진행한다. 이와 같은 포맷과 방송은 김기화 기자로부터 시작되었다. 평소 타인과의 소통에 능하고, 재미있는 이야기를 찾아다니는 그의 성격과 성향이 프로그램의 흐름과 방향을 규정했고, '재미'를 만들었다. 따라서 김기화 기자는 〈댓읽기〉의 시작이자 정체성이라고 할 수 있다. 그로부터 시작된 〈댓읽기〉의 정체성을 다음과 같이 톺아본다.

먼저 〈댓읽기〉는 '소통'에 진심이고, 이 방송의 근본도 '소통'이다. 김기화 기자는 국내 언론에 만성 소통 부족이 이어져 왔다고 생각했다. 한국 언론은 그동안 신문사·방송사 할 것 없이 독자·시청자에게 일방적으로 기사를 '살포'하는 데 그쳤다. 방송(Broadcasting)이라는 단어가 '넓게 뿌리다'라는 뜻이니, 그동안 본연의 역할에 충실했을 뿐이라고 볼 수도 있겠지만, 김 기자는 달리 생각했다. 그는 일방적인 기사 살포에 그친 소통 방식은 인터넷을 통한 쌍방향 소통이 보편화되고 집단 지성이 태동한 현대 한국 시민 사회의 수준을 따라가지 못한다고 생각했다. 김 기자는 '이런 시민 사회와 언론 간의 괴리가 어떤 결과를 가져올까?' 걱정했다.

그 결과를 예상하기 위해서는 기자의 업무 과정을 엿볼 필요가 있다. 기자들이 기사를 쓸 때는 대부분 다음의 순서를 거친다. 먼저 기자 개인이 특정 내용에 대해 취재하겠다고 데스크에 보고한다. 이를 '발제'라고 하고, 데스크는 기자가 발제한 내용(아이템)을 갖고 부장과 취재·보도 여부에 대해 논의한다. 데스크는 어떤 아이템이 취재할 만한 가치가 있다고 판단하면, 취재를 지시하고 이와 관련해 조언한다. 기자가 발제할 거리가 없으면 데스크가 "오늘 하루 놀 바에야 다른 아이템을 취재하라."라고 시키기도 한다. 이를 데스크가 '총을 쏜다'라고 하고, 해당 기자는 '총을 맞는다'라고 한다. 이후 기자는 현장에 가거나, 취재원과의 문답을 통해 취재하고, 취재된 내용으로 기사를 작성한다.

작성된 기사는 데스크와 부장의 검토(데스킹) 혹은 추가 취재 지시를 거친 뒤에 출고된다. KBS 같은 방송국의 경우 영상을 편집하고, 기자가 기사를 육성으로 읽어서 이를 영상에 입히는 과정이 추가된다. 해당 기사가 9시 뉴스에 방영되면 기자는 틀린 점이 없는지 지켜보고 문제가 없으면 가슴을 쓸어내리며 22시까지 자리에 앉아 있는 부장에게 꾸벅 인사하면, 부장은 "어, 고생했어." 하며 퇴근을 '허'한다. 기자가 그날 취재한 기사가 부장을 흡족하게 했다면 "기화, 오늘 좋았어!" 등의 칭찬이 추가된다. 뿌듯한 마음으로 지하철에 몸을 싣는데, 부장에게 칭찬받은 기사의 댓글 창에는 비판과 비난의 댓글이 가득하다. '이상한 사람들이 악플 단 거겠지' 하고 넘기려다가도 눈에 걸리는 댓글이 보인다. 취재 당시 좀 헷갈렸는데 확인할 시간이 부족해 얼버무린 부분을 정확히 지적하는 댓글, 전문가라고 생각해서 인터뷰한 인물이 알고 보니 지독히 편향된 발언을 일삼던 돌팔이라고 지적하는 댓글, 취재 현장에 사는 주민인데 일부만 취재한 티가 난다며 자기 경험을 줄줄 이야기하는 댓글이 댓글 창 상위를 차지하는 것이다. 한편 이런 일도 있다. 언론사 간부급 기자들(주로 50대, SKY, 남성)이 잘 이해하지 못하는 분야에서 많이 발생하는 일이다. '탕후루 아이템이 재미있을까? 초전도체가 중요한 내용이야? 페이커는 또 누구야?' 같은 질문은 언론사 편집회의에서 종종 나오곤 한다. 핫한 주제(소구력 있는 주제)라고 생각해서 발제했는데 나이 많은 간부 기자들이 시큰둥했던 기사, 그런데 그 기사가 의외로 뜨거운 댓글 반응을 불러일으킨 경우를 요즘 젊은 기자라면 한 번씩 경험하기 마련이다.

그렇다면 기자들은 어떤 반응에 더 민감해야 할까? 수십 년간 언론사에 근무하며 보도 가치에 대해 깊이 고민해 왔고, 시사 이슈에 통달한 간부급 기자의 의견일까? 아니면 '언론 소비자'로서 대중의 반응일까? 어느 쪽이 더 압도적으로 우월하다고 판단하기는 어렵겠지만, 적어도 그동안은 KBS가 대중의 반응에 '무심했다'라는 게 김기화 기자의 판단이다. 그는 그동안 기자들이 간부의 말에 일희일비하고, '취재원'이라 불리는 국회의원, 의원 보좌관, 공무원, 대기업 홍보팀, 경찰, 검사의 평가에만 귀 기울이지 않았는지를 돌아봤다. 취재원이 아닌 주변 반응이라고 해 봤자, 대부분 '서울 거주자'에 '대학 졸업자'인 친구와 선후배가 기사 가치를 제대로 판단할 준거 집단이 될 수 없다고 보았다. 그리고 이러한 문제를 해결하기 위해 〈댓읽기〉의 중심에 '댓글을 통한 소통'을 두었다.

〈댓읽기〉에서 '소통' 다음으로 중요한 것이 '재미'다. 〈댓읽기〉는 의미보다 '재미'를 추구했다. 2018년 〈댓읽기〉가 시작될 당시 유튜브에는 이미 시청자와 소통하며 취재 후기를 풀어놓는 언론사의 영상이 많이 있었다. 그런데 그런 영상 대부분의 조회 수가 몇백 회에 불과했다. 대본을 읽는 듯 딱딱한 대화 방식과 원고에 의존하는 진행으로, 채널만 유튜브일뿐, 기존 언론 방송과 다를 바 없었기 때문이다. 기존의 형식을 답습하니 재미가 없었다. 김기화 기자는 그렇게 하기 싫었다. KBS에서 근무하면서 재미는 없지만 의미 있는 콘텐츠는 지겹도록 봐 왔다. 숱하게 만들었다. 그런 건 지상파에서 잘 만들고 있으니, 적어도 유튜브에서는 의미보다 재미가 앞서는 콘텐츠를 만들어야겠다고 생각했다. 그래야 기존 뉴스 문법에 지친 대중이나, 시사에 크게 관심 없는 사람에게도 소구될 수 있다고 봤다.

〈댓읽기〉가 알려진 이후 많은 사람이 어떤 시사 프로그램을 모델로 삼았냐고 물었을 때, 김기화 기자의 대답은 〈무한도전〉이었다. 〈무한도전(MBC, 2006~2018)〉처럼 기자 한 명 한 명 캐릭터가 살아있는 프로그램, 멤버끼리 티격태격하는 모습만 봐도 웃긴 프로그램, 그래서 보다 보면 그들이 다루는 기사 아이템에도 관심 두게 되는 프로그램을 만드는 게 목적이었다. 그렇게 되기 위해서는 자유로운 녹화 분위기와 편안한 진행, '선하면서도 센스 있는 캐릭터'의 출연진이 필요했다. 김 기자가 가장 먼저 떠올린 동료는 KBS 홍성희 기자였다. 사내외에서 '민완 기자(일을 빠르게 잘 처리하는 기자)'로 인정받는 유능한 후배인 데다가 청년 노동자나 장애인과 같이 소외된 이들에 대한 따뜻한 시선을 지니고 있기 때문이다. 김 기자는 홍 기자에게 평소 새로운 저널리즘에 대한 고민을 공유한 터라, 그에게 가장 먼저 출연을 제안했고, 홍 기자는 '재미있겠다'라며 승낙했다. 그 뒤에 섭외된 동료가 KBS 옥유정 기자였다. 취재와 방송 출연에 발군의 실력을 보유했고, 거침없고 솔직한 언변과 이를 뒷받침하는 탄탄한 논리가 결정적인 섭외 이유였다. 김 기자가 메신저로 슬쩍 의중을 떠보자, 옥 기자는 바로 '하겠다'라고 답했고, 이후 프로그램의 이미지와 구성 등에 깊이 관여했다.

하지만 기사만 쓰고 리포트만 만들던 기자 셋이 모였다고 해서 프로그램이 뚝딱 만들어지지는 않는 법이다. 그래서 평소 김기화 기자를 만날 때마다 "선배, 뭐 재밌는 거 없어요?"라고 묻던 KBS 오귀나 라디오 PD가 프로그램의 틀을 잡고, 제작 전반을 담당하기로 했다. 그녀의 진두지휘 아래 김기화, 홍성희, 옥유정 기자 셋이 시험 녹음을 했다. 결과는? 심각한 노잼과 딱딱한 분위기가 이어져, 오 PD의 한숨이 깊어졌다. "누군가 스튜디오를 좀 휘저었으면 좋겠는데. 메기 같은 후배 없어요?"라는 그의 요청에 김 기자는 당시 막내급이던 KBS 강병수 기자를 불렀다. 유머러스하면서도 기자 직무도 수준급으로 소화하던 강 기자가 합류하며 〈댓읽기〉의 진용이 갖춰졌다. 그는 '막내라서 기죽어 보일까?' 하는 걱정이 무색하게 선배 기자들을 흔들며 〈댓읽기〉의 독보적인 캐릭터로 자리잡았다. 이후 스마트폰 한 대를 세워 놓고 녹화하던 김기화 기자를 안쓰럽게 생각한 선상원 촬영 기자가 고프로(Go Pro) 카메라 네 대를 들고 와서는 영상 녹화와 편집을 자처하면서 〈댓읽기〉 1기가 제대로 출발하게 되었다.

이처럼 친한 후배들로 8개월 넘게 〈댓읽기〉를 진행하던 김기화 기자에게 하나의 시련이 찾아오니, 프로그램의 '강한 허리'라는 별명으로 〈댓읽기〉의 한 축을 담당하던 홍 기자가 정치부로 발령 나면서 업무상 〈댓읽기〉를 지속할 수 없게 된 것이다. 친한 후배가 동이 난 김기화 기자는 선배 기자에게까지 손을 뻗쳤다. 그 상대는 정연욱 기자였다. 정 기자는 〈댓읽기〉 출연 경험이 있었고, 오귀나 PD가 그의 언변과 이미지를 보고 〈댓읽기〉 고정 멤버로 점찍어 둔 터라 이 방송에 결원이 생길 시 섭외 1순위였다. 김 기자가 술 한 잔 건네며 넌지시 정 기자에게 물었다. 어떤 설득도 없이, 마치 2차 메뉴를 제안하듯 가볍게 〈댓읽기〉 합류 의사를 물었다. 정 기자는 상당히 깊은 고민과 결단이 필요한 사안임에도 곧바로 '그러지요'라고 답하며 〈댓읽기〉 식구가 되었다. 〈댓읽기〉는 그렇게 구성원이 갖춰진 8개월 차에 유튜브의 흥행 지표인 '구독자 수' 2만 명을 돌파했다. 방송사 기자와 PD 동료가 뭉쳐 맨손으로 시작한 새로운 시도가 대중에게 어필하기 시작했다는 희망과 어느 정도 방송이 자리 잡았다는 확신, 본격적으로 시작해 보자는 의지가 감지되던 시기다. 〈댓읽기〉 구성원 사이에 '우리가 함께 여기까지 왔다'라는 끈끈한 유대감과 자부심이 흘러넘치고, '환희'와 '설렘'이 함께하는 '소박한 잔칫집' 같은 상황이었다.

〈댓읽기〉는 기자와 구독자의 소통 외에도 의미가 있다. 한 기자가 취재한 아이템을 주제로 서너 명의 기자가 한 시간 넘게 대화하듯 진행하는 방송이라는 점이 특별했다. 방송 보도에서 일반적인 형식은 아니었다. 이렇게 할 수 있던 것은 김기화 기자를 비롯한 〈댓읽기〉 구성원 모두 사내에서 서로 가까운 동료였기 때문이다. 하지만 이런 것들은 이 방송을 통해 부가로 얻는 보너스 같은 거였다. 〈댓읽기〉의 진짜 동력은 따로 있었다. 앞선 이유만으로 매주 심야에 3시간 이상 녹화하는 격무를 감당하는 것은 어렵다. 정 기자 합류 시기의 〈댓읽기〉는 KBS 사내에서 가욋일 취급을 받았기 때문에 구성원 각자 업무를 마친 밤 9시에야 〈댓읽기〉 녹화를 시작했기 때문이다. 그럼에도 정 기자를 비롯한 구성원이 〈댓읽기〉에 고정으로 출연하는 가장 큰 이유는 '김기화 기자' 때문이었다. 정 기자에 따르면 〈댓읽기〉의 '창시자' 이자 진행자인 김 기자에 대한 호기심과 조금은 저항하고 싶지만 결국은 거부할 수 없는 그의 '매력(?)', 그 매력에서 비롯된 애정으로 함께한 것이다.

정연욱 기자가 파악한 김 기자는 기자 세계에서 만나기 힘든 사람이다. 특히 '노잼'으로 악명 높은 KBS에서는 좀처럼 만나기 어려운 캐릭터다. 평균의 기자보다 말이 많고, 그 말을 구성하는 표현이 대체로 위트 있고 '신박'하며, 다소 수다스럽고, 목소리의 음량이 압도적이라서 보도국 입구에서부터 그 존재를 알아차릴 수 있는 사람이다. 그는 직설적인 태도로, 품위와 경박의 경계선을 수시로 넘나드는 어휘를 사용한다. 그 때문에 그의 말은 당황스럽기도, 깊은 신뢰가 들 때도 있다.

대체로 기자는 본인의 지성을 과장하면서 상대를 압도하려는 욕망을 관성처럼 분출하기 마련이다. 상대가 누구건, 날카로운 질문을 적재적소에 배치해 그의 속이야기를 들어야만 하는 직업적 이유 때문이다. 그러나 이와 반대로 본인의 무지를 드러내면서 상대를 무장 해제시키는 게 김기화 기자의 습관이자 전략이다. "아, 이런 게 있었군요." 하고 순순히 인정하다가, 돌연 "그렇다면 당신은 제대로 알고 있겠죠?"라고 반문하며 허를 찌르는 식이다. 김 기자는 일과 사람에 대해 단호한 태도를 지녀서 좋아하는 사람과 좋아하는 일을 할 때는 혼신의 열정을 쏟지만, 그렇지 않은 경우에는 회의감을 굳이 숨기지 않는다. 남들은 잘도 숨기고 살아가는 것을 수시로 내뱉으며 획기적인 일탈을 꿈꾼다. 특유의 지성과 무지성이 결합된 상상력은 애초에 KBS 저널리즘에 갇혀 있을 수 없었다. 이런 김 기자의 성향과 저널리즘을 대하는 태도는 〈댓읽기〉가 시작된 이유기도 하다.

이처럼 특이한 사람이 만든 〈댓읽기〉에는 정규 방송 외에 녹화 전후 사정이나 기자들의 일상을 담은 '꽁다리 영상'이라는 코너가 있다. 주로 구독자가 응원차 보내 준 음식을 먹거나 기자끼리 투덕거리는 상황극으로 채워지는데, 의외로 꽁다리 영상의 인기가 높았다. 정규 방송은 너무 길어서 안 보고 꽁다리 영상만 본다는 구독자가 있을 정도였다. 꽁다리 영상이 거듭될수록 흥행 요소가 무엇인지 알 수 있었다. 그건 기자 간의 언쟁이었다. 저널리즘이나 정치적 견해에 관한 것이 아니라, 헤비메탈과 클래식, '부먹'과 '찍먹' 취향이나 서로의 사생활에 대한 이야기 등을 통한 작은 다툼이 구독자에게 친근감을 자아낸 것이다. 다분히 상황극에 가깝게 연출된 갈등이 또 다른 재미의 축으로 자리 잡은 셈이다. 이 설정을 얼마나 진정성 있게 소화하는지가 중요할 텐데, 재밌고 흥미롭게 읽힌 것이다.

> 꽁다리 첨 보는데, 이거 보니 기자도 우리랑 생각하는 게 비슷하구나. 본방 때 지르고 싶어도 참는구나 싶어 위로(?)가 됐습니다.

> 꽁다리 영상, 관찰 예능 보는 거 같아 재미있음. ㅎㅎ

꽁다리 영상의 인기는 〈댓읽기〉가 시사의 기능을 넘어 재미와 친근함, 나아가 출연자와 구독자 사이의 경계를 허무는 유대감으로 미지의 구독자까지 끌어들일 수 있는 의미로 읽히는 지점이기도 하다. 이처럼 〈댓읽기〉 구성원이 공유하는 시간이 쌓이고, 함께 나눈 대화가 늘수록, 이 방송의 진정성이 더 깊어졌다. 이상하고 실험적인 방송인 〈댓읽기〉는 KBS와 나아가 저널리즘의 진화에 다소 생소한 방식으로 미약하고도 뚜렷하게 기여했을 것이다.

김 기자 코멘터리

'중심에서 발현된 변두리 정체성'은 '씨 국물 곰탕' 같은 글이다. 한번 제대로 우려낸 뼈 국물에 불을 끄지 않고 계속 끓여 가면서 뼈와 물만 계속 더 넣으며 퍼내는 씨 국물 곰탕 말이다

〈댓읽기〉에 대해 처음에 쓴 글은 구글 코리아에서 주최한 '언론사 유튜브 성공 사례 발표' 자리를 위해 준비한 원고였다. 세상에! 구글 코리아에서 〈댓읽기〉를 초청하다니! 떨리는 마음으로 〈댓읽기〉를 소개하는 글을 썼고 PPT 발표도 성공적으로 마쳤다. 이후 한국언론진흥재단에서 주최하는 '저널리즘의 미래 콘퍼런스'에도 초청받고 〈세바시〉에서도 발표하는 과정에서, 첫 발표 내용이 담긴 '씨 국물'에 발표 주체에 맞는 사례와 내용을 첨가하고 수정하면서는 푹 고아 낸 곰탕처럼 깊이와 재미를 더하게 되었다. 기자의 '자기반성과 소통'을 주제로 만든 언론사 유튜브에 관심 두는 분이 늘어나면서 이 같은 〈댓읽기〉 소개 글의 내용도 풍성해졌다.

이 책의 첫 이야기는 그 글들을 모두 모으고 한 번 더 우려내 가장 공들여 작성한 〈댓읽기〉 시작에 대한 것이다. 다음 페이지부터 독자 여러분에게 들려드릴 이야기는 모두 처음으로 공개하는 것들이다. 즐겁게 읽어 주시길!

악플에 응답했더니 생긴 일

- 기사가 발전적 소통의 장이 될 수 있네요. 응원하고 구독할게요.^^

- 많은 언론사에서 〈댓읽기〉의 발자취를 따라갔으면 좋겠어요. 언론에 대한 신뢰도가 낮아지고 거짓 정보가 넘치는 시기에 필요한 강연이라 좋았습니다.

〈댓읽기〉 초기 하루하루 살얼음판을 걷는 기분으로 방송을 이어 가던 김기화 기자에게 어느 날, 모르는 번호로 전화가 걸려 왔다.

"여보세요?"

"안녕하세요. 〈세상을 바꾸는 시간 15분〉 제작진입니다. 〈세바시〉라고, 아시죠?"

김 기자는 전화를 받는 순간 여러 감정이 교차했다. 〈댓읽기〉가 KBS 사내에서 호불호가 갈리는 '해적 방송(?)'으로 연명하면서 과연 잘하고 있는 것인지 스스로 의심하던 시기에 〈댓읽기〉의 시도가 외부에서 의미 있다고 평가받은 셈이기 때문이다. 사내에서 〈댓읽기〉를 백안시하던 선배들도 〈세바시〉는 알 터였다. 김기화 기자는 〈세바시〉에 출연해서 〈댓읽기〉에 대해 설명하면 '우리를 향한 가시 돋친 말이 조금은 줄어들지 않을까?'라고 기대했다. 구독자에게도 〈댓읽기〉의 진심을 좀 더 직접적으로, 간략하게 전할 수 있을 거라고 생각했다. 그는 그렇게 '〈댓읽기〉 생명 연장'의 꿈을 안고 〈세바시〉 출연을 결정했다.

김기화 기자는 〈세바시〉 출연을 앞두고 설렜지만, 한편으로는 걱정하기도 했다. '15분이라는 짧은 시간 동안 〈댓읽기〉를 잘 소개할 수 있을까?', '기존 기자 업무와 〈댓읽기〉가 무엇이 어떻게 다른지 잘 설명할 수 있을까?' 등이 고민되었다. 그가 하고 싶은 말은 많았지만, 그에게 주어진 시간은 딱 15분이었다. 〈세바시〉 측은 '소통'과 '악플', '선플'에 대한 이야기를 중심으로 강연해 달라고 요청했다. 김 기자는 하고 싶은 이야기를 줄이고, 줄이고, 자르고, 잘라서 강연용 PPT를 완성하고, 집에서 홀로 리허설하며 강연을 준비했다.

2020년 9월, 코로나19가 세상을 덮친 지 몇 개월 지난 시기인 탓에 강연은 관중 없이 진행되었다. 김 기자는 내심 아쉬웠다. 강연할 때는 지켜보는 관중이 있어야 더 힘이 나고, 화자와 청자가 소통하는 바를 직접적으로 느낄 수 있기 때문이다. 관중의 반응을 보면 이야기가 제대로 전달되고 있는지, 하고 있는 이야기로 관중의 마음을 잘 설득하고 있는지 실시간으로 느낄 수 있다. 그는 더구나 관중 없이 하는 강연이 처음이었다. 관중이 없는 대신 〈세바시〉 스태프와 〈댓읽기〉 구성원 중 한 사람으로, 현장에 동행해 준 오진주 작가가 관중처럼 종종 반응하고 박수를 쳐 주곤 했지만, 김 기자는 관중이 있을 때보다 더 떨리는 마음이었다.

▸ 〈댓읽기〉 첫 방송을 봤을 때 힘든 길을 가는구나! '설마 어느 날 갑자기 공중분해되는 것은 아닐까?' 걱정했습니다. 그런데 이렇게 김 기자님이 〈세바시〉에 출연할 정도로 성장하다니 애청자로서 무척 뿌듯합니다. 김기화 기자님과 오진주 작가님, 수고가 많았습니다. 그리고 〈댓읽기〉에 출연하는 모든 기자, 앞으로도 잘 부탁드립니다!

대댓글 **댓글 읽어주는 기자들**

▸▸ 2년 전에 했던 강연을 보니 지금도 그 마음으로 열심히 하고 있는지 돌아보게 됩니다. 마음은 그대로이지만 '살아남아야 한다'

라는 이유로 현실과 어느 정도 타협한 것도 사실이고, 당시만큼 열정으로 임하고 있는지도 다시 생각해 봐야겠네요.

김기화 기자가 〈세바시〉 강연에서 전하고 싶던 것은 두 가지였다. 먼저 '험한 댓글을 쓰는 사람이라고 해서 모두 나쁜 사람은 아니다'라는 것이다. 김 기자는 악플이라는 표현도 가능하면 쓰지 않으려고 노력한다. 표현이 거칠 뿐 악의적이지 않은 댓글도 있고, 합리적으로 비판하는 댓글도 있기 때문이다. 이런 댓글도 수용자 입장에서는 기분 나쁠 수 있겠지만, 본인이 기분 나쁘다고, 혹은 거친 표현이라고 해서 악플이라고 도매금으로 넘겨 무시하거나 비하하려는 태도는 비겁하다는 의견이다. 악플이라는 표현은 실제로 악의적이고 표현도 고약한 댓글에 한정해서 사용돼야 하는 것이라고 생각했다. 〈세바시〉에서 김기화 기자가 전하려던 바는 〈댓읽기〉가 고민하는 지점과 궤를 함께했다. 〈댓읽기〉 기자와 제작진은 거친 표현이 담긴 댓글, 이른바 악플에 대한 고민을 이어 갔다. 유튜브 방송을 진행하다 보면 거친 댓글을 만나기 마련이다. 그런 댓글 중에는 〈댓읽기〉 초창기에 'KBS의 이미지 세탁을 위해 만들어진 기획성 프로그램'이라는 의심의 내용을 담은 것도 있었다.

- 〈댓읽기〉 진행하는 기자들 고생하는 게 많이 보이고, 노력의 진정성을 의심하는 건 아니지만, KBS의 윗선은 이 프로그램을 이미지 세탁용으로 쓰는 게 아닐지, 큰 틀에서는 맘대로 하고, 낮은 직급 기자들 이용해서 일종의 면죄부 발부하는 느낌입니다.

- 〈댓읽기〉에서 이렇게 미안하다고 사과하는 게 무슨 의미인지 모르겠네요. 정작 KBS 방송 자체가 바뀔 기미가 안 보이는데. 이 방송이 KBS 이미지 세탁용으로 이용되는 거 아닌가 싶습니다.

- 구독 취소했습니다. 카메라 이미지에 잘 훈련된 방송 기자들이라는 걸 잊었네요. 다르다고요? 도제식으로 교육받는 기자 문화에서 다르면 얼마나 다를까요? KBS 기자들 믿지 않습니다.

이런 댓글들의 요지는 유튜브 방송으로 KBS 이미지 관리하지 말고, 메인 뉴스나 똑바로 만들라는 호통이었다. 〈댓읽기〉 구성원은 속이 상했지만, 억울하지는 않았다. 그동안 기자라는 직업이, 특히 KBS가 얼마나 대중에게 불신을 샀으면 이런 반응을 보이는지 한탄할 뿐이었다. 묵묵히 진정성을 지니고 방송하다 보면 시청자도 언젠가는 알아줄 것이라 믿었다.

더불어 김기화 기자는 영상에 달리는 댓글 모두(영상 하나에 수백 개씩 달리는 댓글들)에 '대댓글'을 달아 보았다. 이에 많은 시청자가 긍정적인 반응을 보였고, 덕분에 김 기자는 '프로대 댓글러'라는 별명을 얻었다. 〈댓읽기〉 구성원에게 가장 뿌듯하고 놀라운 경험은 거친 댓글에 김 기자가 대댓글을 남긴 후에 다시 답변 댓글을 받았을 때였다.

▶ 니들끼리 떠드는 거 잘 들었는데 그래서 어떻게 하겠다는 거냐? 윗대가리들 생각을 알고 싶다고. 그 생각이야 뻔하겠지만.

대댓글 **댓글 읽어주는 기자들**

▶▶ 윗대가리 분들은 대통령한테 깨지고 방통위에 깨지고 정신없더군요. (중략) 어떻게 정해지는지도 중요하겠지만, 그에 맞춰서 저희가 평소 꾸준히 준비하는 게 더 중요할 것 같습니다. 조처된 것도 나중에 다루겠습니다. 감사합니다.

▶▶▶ **@댓글 읽어주는 기자들**

화나서 거칠게 댓글을 달아서 죄송합니다. 재난 현장의 보도보다 그 기반에서 국민의 안전이 우선되는 방송을 해 주길 바랍니다. 힘내세요. 응원합니다.

이처럼 〈댓읽기〉 구성원은 다소 거친 댓글을 달았던 시청자와 소통하며 '모니터 너머에 사람 있다'라는 기본 상식을 확인하고, 서로 마음이 누그러지는 경험을 했다. 〈댓읽기〉가 그 댓글을 무시하고 지나쳤다면 '어휴, 역시 기자들. 내가 댓글 달아도 소용없지' 하는 무력감 혹은 기자 혐오의 감정을 댓글러에게 불어넣을 수도 있었을 것이다.

사람인지라 거친 댓글과 욕 댓글, 억지 비난 댓글에 매번 공손하게 마음을 담아 대댓글을 달기란 쉽지 않았다. 하지만 기자가 먼저 손을 내밀어야지, 기자가 대중에게 '기자한테 손을 내밀어 달라'라고 할 수는 없을 것이다(이제까지 언론이 행한 바가 있는데 무슨 염치로). 적어도 욕을 하면 그걸 듣기라도 하는 기자이고 싶고, 소통의 끈을 놓지 않는 기자라는 걸 스스로 증명하고 싶은 마음이 〈댓읽기〉의 기획 취지라고 할 수 있다. 이런 긍정적인 경험이 누적되며 시청자와 '본격 KBS 소통 방송'을 표방한 〈댓읽기〉 구성원 사이에는 모종의 '내적 친밀감'이 축적됐고, 김 기자의 '모든 댓글에 대댓글 달기'는 1년이 넘게 진행되었다. 댓글러와 기자들이 실시간으로 대댓글을 달며, 때로 새벽 3시까지 논쟁한 적도 있고, 개인적인 취향에 대한 댓글로 소통하며 친근감을 느끼기도 했다.

- 첨엔 욕도 많이 했지만 김기화 기자가 일일이 댓글 달고 몇백 번 사과하는 걸 보니 생각이 달라져요. 다른 기레기들은 '욕하거나 말거나'가 많은데, 〈댓읽기〉는 끊임없이 소통하려는 모습이 좋네

요. 〈댓읽기〉 기자 모두 지켜보겠습니다. ㅋㅋ 구독했어요.

하지만 김 기자의 대댓글 소통은 1년여 만에 중단될 수밖에 없었다. 어이없게도 그의 손가락에 이상 신호가 왔기 때문이다. 평소와 다름없이 수백 개의 댓글에 대댓글을 달던 김기화 기자는 왼손 검지에 통증을 느꼈다. 간헐적으로 느껴지던 통증은 댓글을 달 때마다 더 깊이, 더 자주 찾아오기 시작했다. 원인 모를 통증으로 정형외과를 찾은 김 기자에게 의사가 질문했다. "피아니스트세요?" 피아노는 중학생 때 체르니 30번을 쳐 본 게 마지막이던 그에게 의사는 "주로 피아노를 치는 사람에게 나타나는 증상입니다. 평소 손가락을 혹사하시나요? 건초염이에요."라고 진단했다. 김 기자는 손가락에 깁스를 하게 됐고, 대댓글 작성은 중단되었다.

➤ 김 기자님의 건초염이 걱정되어서 댓글을 달고 싶어도 망설이게 됩니다. 댓글을 읽어 주는 것만도 제 의견이 반영되는 것 같아서 보람 있으니, 대댓글에 너무 책임 느끼지 않았으면 해요.

김 기자는 건초염 완쾌 이후에도 한동안 대댓글을 작성했지만, 간헐적으로 손가락 통증이 찾아와서 결국 '모든 댓글에 대댓글 달기'를 지속할 수 없었다. 대신 유튜브 최초 공개 채팅에 참여하거나 라이브 방송을 늘리는 방식으로 소통했다. 그런 소통의 노력에 진심을 알아주는 시청자도 늘었고, 그만큼 거친 댓글의 수도 줄었다.

> 〈댓읽기〉 방송이 초기엔 악플도 많았는데, 이젠 별로 보이지 않네요. 이 방송을 통해 언론에 대한 이미지가 많이 바뀌었습니다. 저 역시 처음엔 거부 반응이 있었는데, 지금은 왕 팬입니다!

김기화 기자가 〈세바시〉 강연에서 두 번째로 하고 싶던 이야기는 댓글을 달아 주는 시민으로부터 배우는 자세였다. 기자는 겸손한 태도를 유지해야 한다는 점이다. 기자는 당면한 이슈에 대해 가장 가까운 거리에서 물어보고, 기록하고, 맥락을 찾고, 잘 전달하기 위해 공부하고 기사를 쓴다. 대부분의 기자는 좋은 기자가 되려고 노력하지만, 인간이기에 놓치기도 한다. 전혀 예상치 못한 부분에서.

코로나 초기, 마스크 공급이 수월하지 않던 시기에 이런 기사가 나왔다. '장애인이 놓고 간 마스크 11장, 그 후 파출소에 마스크 쏟아졌다'라는 기사였다. 한 지체 장애인이 본인은 집 밖으로 나갈 일이 없으니, 본인이 가진 마스크를 기부하겠다고 나섰다는 훈훈한 소식이었다. 이 기사를 〈댓읽기〉에서 소개하면서, 출연 기자가 "이 모습을 본 마을 주민이 장애인도 마스크 기부에 나서는데 우리도 기부에 나서자고 하며 그 지역 마스크 기부가 늘었다고 해요."라고 말했고, 출연 기자 모두 고개를 끄덕였다. 그 방송이 나간 뒤에, 방송 영상에 다음과 같은 댓글이 달렸다.

> ➢ '장애인도 하는데'라는 마음은 안 좋은 것 같아요. 그분은 장애인이 아니었어도 했을 겁니다. 장애인이든 비장애인이든 다 자기가 할 수 있는 선에서 나름의 선행을 하는 거죠.

기자들은 생각지도 못한 지적에 놀랐고, 부끄러움을 느꼈다. 좋은 의도로 소개했지만, 그 저변에는 장애인에 대한 편견이 자리 잡고 있었음을 부인할 수 없었다. 한 댓글이 그걸 날카롭게 지적했다. 이 사례에서 볼 수 있듯 기자도 틀릴 수 있고, 적절하지 않게 쓰고 말하고 행동할 수 있다. 이를 인정하고 바로잡는 용기와 노력이 중요하다. 이 시대의 기자는 늘 '내가 옳을 것이라는 확신보다는 틀릴 수도 있다는 겸손함과 조심성' 있는 태도를 지녀야 함은 물론이다.

이처럼 '악플러라고 해서 다 나쁜 사람이 아니다', '댓글러로부터 배운다'라는 두 가지를 합치면 〈댓읽기〉의 소통 방식과 의미가 완성된다. 기자는 분노한 대중에게 사과하고 스스로 돌아보며 성장하고, 현명한 댓글러에게 배우는 자세를 지녀야 한다. 기자가 이런 겸손한 태도를 보여야, 대중이 자신의 분노를 받아들여, 기자를 보며 마음이 누그러져 오히려 신뢰가 싹틀 수 있다.

김 기자는 이와 같은 생각을 바탕으로 실험적인 내용과 형식으로 시작한 기자들의 채널, 〈댓읽기〉가 '과연 성공일까?'라고 자문했고, '일단 성공'이라고 자답했다. 〈세바시〉처럼 대중에게 인지도와 인기가 높은 강연에 초청되었다는 게 〈댓읽기〉가 뉴미디어 언론으로서의 가능성을 인정받은 것을 방증한다고 생각했기 때문이다. 그로부터도 3년이 지난 지금, 〈댓읽기〉의 소통 실험은 여전히 성공일까? 김 기자는 여전히 '성공하고 있는 중'이라고 본다. 이렇게 〈댓읽기〉를 바탕으로 《댓글 읽어주는 기자들》 책까지 쓴다는 걸 보면 말이다. 책은 어떤 매체보다 장기간에 걸쳐 소비되는, 느리지만 신뢰도 높은 매체다. 어떻게 보면, 유튜브와 대척점에 있다고 평가할 수도 있다. 그런 매체인 책이, 방송사 내에서도 가볍다고, 어디로 튈지 모른다고 푸대접 받던 〈댓읽기〉를 담고 있으니 꽤나 의미 있는 실험 결과를 손에 쥔 연구원처럼 김 기자는 뿌듯하다.

김 기자 코멘터리

응답 없는 댓글이 훨씬 많았다. 〈세바시〉에서 호들갑 떤 것처럼 악플에 댓글 달았더니 선플로 돌아온 사례는 열에 한두 번꼴이다. 무반응이 대다수였고, 오히려 끝까지 〈댓읽기〉에 대한 비아냥과 악담을 이어 가는 사람도 많았다.

소통하겠다고 마음먹었으니 마땅히 감내해야 할 상황이라고 생각했다. '아니, 내가 잘못한 것도 아닌데, 왜 나한테 난리지?' 하는 생각은 한 번도 들지 않았다. 예상한 반응이었기 때문이다. 지금까지 수십 년간 대중에게 해악을 끼치고 한 번도 제대로 사과하지 않은 언론의 잘못이 태산과 같았기 때문에 나와 〈댓읽기〉가 받는 악플이 아무리 많아도 언론의 잘못에 비하면 티끌도 아니라고 생각했다.

하지만 나도 사람이기에 계속되는 악플은 견디기 쉽지 않았다. 특히 〈댓읽기〉가 시작된 지 얼마 안 되었을 때는 이 방송이 정말로 KBS 윗선의 지시를 받고 만든 '이미지 세탁용' 방송이라는 댓글이 참 많았다. 마음을 담아 해명했지만 그런 대댓글을 일부 커뮤니티에 퍼 가서 조롱하는 일도 종종 있었다.

그렇게 아픈 마음으로 대댓글을 이어 가다가, 내가 단 대댓글에 다시 따뜻한 내용의 대댓글이 달리면 그동안의 상처가 한 번에 치유되는 것 같았다. '아, 우리의 진심을 알아주는 분들이 있구나' 하는 안도감과 뿌듯함에 〈댓읽기〉를 이어 갈 힘이 재충전됐다.

기자들이 소통하겠답시고 유튜브를 개설하면 악플이 달리는 건 그간 언론의 행태에 비춰 보았을 때, 너무도 자연스럽고 일반적인 반응이라고 생각한다. 그래서 그런 댓글의 수는 많아도 의미 있는 현상이라고 보진 않는다.

하지만 기자가 대댓글을 달고 소통을 시작하자 악플을 달던 시민이 태도를 바꿔 호의적이고 생산적인 대화를 나누기 시작하는 현상은 그런 댓글의 수가 적더라도 이례적이고 유의미하다. 그리고 그런 변화가 연속적으로 일어난다면, 우리 언론과 대중의 관계가 개선될 수 있는 작지만 새로운 실마리가 생길지도 모른다. 이것이 내가 〈세바시〉에서 해당 내용을 호들갑 떨며 소개한 이유다.

〈댓읽기〉 초창기부터 대댓글을 연달아 달면서 종종 새벽까지 필담을 잇곤 하던 구독자가 생각난다. 그는 조국 전 법무부 장관 사안을 다루는 KBS와 〈댓읽기〉의 태도에 실망했다며, 우리의 진심을 의심하는 비판 댓글을 남긴 것을 마지막으로 다시는 나타나지 않았다. 지금 그는 어떻게 살고 있을까? 가끔 〈댓읽기〉 방송을 볼까? 지금은 〈댓읽기〉에 어떤 평가를 내리고 있을까? 악플이라도 좋으니 그의 댓글을 다시 받고 싶다.

느슨해진 지상파에 긴장감을 더하다

- 〈댓읽기〉의 목적이 '본격 소통 방송'이니까 소통의 폭을 넓힐 수 있게 공중파 라디오 진출을 환영합니다. 비판의 강도가 약해지는 게 아닌지 살짝 우려됩니다만, 유튜브 풀 버전을 따로 올리실 테니, 믿습니다.

- 〈댓읽기〉 공중파 라디오 편성 반대입니다. 그만큼 많은 사람이 이 방송을 알게 된다는 데는 의미가 있죠. 그렇지만 공중파에서는 말도 조심하게 되어 시원시원하게 지르는 맛이 떨어질 거 같아요. 공중파 방송은 이미 그 소속된 사람들만이 자랑스러워하는, 영향력도 예전 같지 않은 지나간 플랫폼입니다.

〈댓읽기〉는 2019년 2월부터 9월까지 약 8개월간 KBS 정규 라디오 프로그램으로 송출되었다. 방송을 응원하던 많은 사람이 "드디어 〈댓읽기〉가 양지로 나오는구나!", "우리가 잘 키운 〈댓읽기〉, 국민 모두의 품으로 보내 줄 때!"라며 이른바 〈댓읽기〉의 '메이저리그 등판'을 축하해 주었다.

〈댓읽기〉 라디오 편성의 가장 큰 이유는 '〈댓읽기〉의 생존'이었다. 〈댓읽기〉를 시작한 지 6개월 남짓 지난 시점에 KBS 내부에서는 이 방송을 어떻게 받아들여야 할 것인가에 대해 의견이 갈렸다. '신선한 시도다', '재미있다', '언론의 진솔한 자기반성이 필요할 때 등장한 방송이다' 등 긍정적인 평가도 있었다. 그러나 '정치적으로 편향되어 있다', 'KBS 내부 총질로 인기몰이를 꾀한다', '기자 혐오를 부추기며 자기들은 참 기자 코스프레를 한다', '나중에 앵커 하고 싶어서 저런다' 등 회의적인 시각이 다수였다.

〈댓읽기〉 사내 호불호 문제는 프로그램의 존폐를 가르는 중요한 이슈였다. 이 방송이 마음에 들지 않는 사람들은 이런저런 트집을 잡아서 없애 버리겠다는 말을 공공연히 하고 다녔다. 〈댓읽기〉는 정규 프로그램이 아니었기에 마치 해적 방송처럼 보는 시선도 많아서, 조금의 실수에도 사라질 수 있는 바람 앞의 등불과도 같은 존재였다.

〈댓읽기〉의 제작을 맡고 있던 오귀나 PD와 기획을 맡은 김기화 기자는 프로그램의 생존 방안을 두고 머리를 맞대었다. 〈댓읽기〉 구성원은 때로는 '그냥 묵묵히 열심히 하면 되지, 뭐'

라며 투지를 보였고, 어떨 때는 '당분간 몸 좀 사리자'라며 움츠렸다. 그런 고군분투를 지켜보던 라디오국 선배 기자가 묘안을 냈다.

'〈댓읽기〉 라디오 정규 편성'이었다. 마침 주말 라디오 시간이 비었는데, 그 자리에 〈댓읽기〉를 정규 편성하게 되면 당분간이라도 사내에서 폐지 여론이 수그러들지 않겠느냐는 거였다. 김기화 기자는 듣자마자 거절할 이유가 없는 제안이라고 반색했으나, 오귀나 PD의 안색은 어두워졌다. 〈댓읽기〉가 지상파 라디오에 정규 편성되면 '방송통신심의위원회(방심위) 심의 대상'이 되기 때문이다. 방심위 심의 대상이란 것은 곧 방심위 심의를 받기 전에 KBS에서 실시하는 '사내 심의 대상'이 된다는 것을 뜻했다. 이는 매주 '사내 심의 결과'를 받게 되는데, 심의 결과는 오귀나 PD의 책상으로 전달되며, 그가 심의 결과를 매주 읽어 보고 관련 전화에 시달려야 한다는 것을 의미했다. 이건 〈댓읽기〉의 내용과 형식에도 영향을 끼칠 것이었다. 시사 이슈를 다루다가 엉뚱한 농담으로도 이어지는 유튜브 스타일과 필요에 따라 비속어와 욕설도 일부 포함하는 진행 톤도 지상파 라디오에 익숙한 방식으로 바꿔야 할지도 모르는 등 다양한 숙제가 예상되었다.

김 기자와 오 PD는 고민했다. 라디오에 이 방송을 내느냐 마느냐, 낸다면 방송 스타일을 바꾸느냐 마느냐, 바꾼다면 어떻게 바꾸느냐, 안 바꾼다면 안 바꾼 상태로 어떻게 방송을 내보내느냐 등등. 결국 이 사안을 구독자에게 물어보기로 했다. 유튜브에 영상을 올렸고, 라디오 송출에 찬성하면 영상 하단의 '좋아요'를, 반대하면 '싫어요'를 눌러 달라고 했다(당시 유튜브 커뮤니티에는 투표 기능이 없었다). 찬성하는 비율이 높았지만, 라디오에 송출되면서 순한 맛으로 바뀌는 데 우려의 댓글도 많이 달렸다.

> ▶ 〈댓읽기〉 애시청자입니다. 공중파로 안 가더라도 유튜브 영상 보는 사람은 다 챙겨서 본다고 생각합니다. 무엇보다 김기화 기자님의 욕설이 너무 좋아요. ㅋㅋㅋ

> ▶ 〈댓읽기〉의 매력은 날것 그대로의 여론을 다룬다는 점이라고 생각해요. 앞으로의 저널리즘이 꼭 가야 할 방향이라고 생각하기도 하고요. 하지만 공중파에서는 물에 물 탄 듯, 술에 술 탄 듯 밍밍한 방송이 되지 않을까 걱정입니다. 좀 더 먼 미래에는 많은 사람을 만나야 하겠지만, 아직은 길바닥에서 좀 더 같이 굴러 주심이 좋겠습니다!

대댓글 **댓글 읽어주는 기자들**

▶▶ 유튜브와 라디오 투 트랙으로 가되, 라디오는 순한 맛으로 재편

집합니다(편집은 오귀나 PD가 합니다! 미안!).

결국 〈댓읽기〉를 KBS 라디오에 정규 편성하기로 결정했다. 사내 생존을 어느 정도 보장받을 수 있다는 게 무엇보다 중요한 이유였다. 그렇게 〈댓읽기〉는 매주 일요일 오후 다섯 시 방송으로 편성됐는데, 문제는 수위 조절이었다. 유튜브 댓글 창에는 라디오 진출이 본 방송에 영향을 끼치지 않기를 바란다는 우려 섞인 의견이 한가득이었다. 오귀나 PD와 논의 끝에 기존 방송 수위는 그대로 두고, 오 PD가 라디오용 순한 맛 버전으로 한 번 더 편집하기로 했다. 안타깝게도 그의 일이 늘었지만, 당시로는 유일한 방법이었다.

KBS1 라디오로 8개월 동안 송출된 〈댓읽기〉는 (오 PD가 정확히 밝히지는 않았지만) 청취율은 나쁘지 않았고, KBS1 라디오치고 높은 텐션에 놀란 청취자는 많았다고 한다. 당시 유튜브 방송과 지상파 라디오 방송을 병행하다 보니 아이템 선정부터 멘트 하나하나까지 여러 갈래로 신경 써야 했다. 특히 정치인을 비판하는 기사를 다룰 때가 문제였다. 라디오 편성 직후 유독 야당 정치인이 비판받는 아이템이 많이 다뤄졌다. 그도 그럴 것이 그 시기에 자유한국당 김진태 의원이 5·18 민주화운동을 폭동으로 규정하는 공청회를 주최하고 김순례 의원이 "5·18 유공자라는 괴물 집단을 만들어 우리 세금을 축내고 있다."라고 한 '5·18 망언 사건'이 있었고, 그 뒤로도 다양한 망언이 쏟아졌기 때문이다. 김기화 기자는 상식적으로 문제 있는 발언을 다루면서도 편향된 시각으로 아이템을 고르는 게 아닌가, 아니더라도 라디오 심의실에는 그렇게 보이지 않을까 끊임없이 자기 검열했다.

아이템 선정이 큰 방향이라면 멘트 수위 조절은 디테일에 해당하는 부분이었다. 정규 라디오 방송의 사내 심의에서는 출연자끼리 반말하는 것부터 문제 삼았다. 욕설이나 비속어는 오귀나 PD가 한 땀 한 땀 편집하여 송출했지만, 불쑥불쑥 튀어나오는 상호 반말이나 말맛을 위해 비꼬는 멘트 등을 다 쳐내면 방송의 내용이 앙상한 뼈만 남는 경우가 다반사였다. 지상파 라디오의 심의 규정을 지키면서 유튜브 방송을 진행한다는 건 사실상 불가능에 가까웠다. 하지만 8개월 동안 〈댓읽기〉와 지상파 라디오의 동거는 어떻게든 꾸역꾸역 계속되었다. 다사다난한 이벤트도 많았지만 〈댓읽기〉는 어떻게든 버텨 내며 사내에서 어느 정도 자리 잡게 되었다.

그러나 〈댓읽기〉 라디오 방송은 이중 편집으로 인한 오귀나 PD의 업무 과중, 라디오국의 전체 프로그램 개편, '지속적이고 반복적인 심의 규정 위반' 등을 이유로 문을 닫게 되었고, 마지막 방송일인 9월 15일에는 특별히 생방송으로 진행되었다. 그동안 함께해 준 유튜브 구독자를 위해서 방송 준비 단계부터 종료 순간까지 유튜브 라이브로 공개되었다. 구독자 입장에서 응원하며 보던 유튜브 방송이 지상파 라디오 방송으로 진출했다가 막을 내릴 때 마지막 라디오 생방송을 다시 유튜브 라이브로 보는 색다른 경험을 할 수 있도록, 유튜브 구독자를 위한 고별 방송이자 라디오 청취자를 위한 깜짝 이벤트로서 추석 명절에 〈댓읽기〉의 마지막 라디오 방송이 실시간 송출되었다. 김기화 기자는 첫 코너인 명절 동안 놓친 뉴스 브리핑을 차분하게 전하려고 했지만, 첫 생방송이라 떨려서 너무 급하게 진행하고 말았다. 30분에 걸쳐 진행해야 하는데, 방송이 17분 만에 끝나 버린 것이다. 스튜디오 밖에서 천천히 진행하라는 오귀나 PD의 다급한 손짓도 보이지 않을 만큼 긴장했다고 한다. 역시 라디오 방송과 유튜브 방송은 달랐다. 청취자 중 한 명은 채팅창에 '과속 뉴스 브리핑'이라고 적을 정도였다. 두 번째 코너는 명절 때 꼭 나오는 진부한 방송 뉴스 아이템, 이른바 '사골 뉴스 TOP5'를 골라서 소개하는 시간이었다.

꼭 있다! 이런 뉴스!

- 남극기지, 해외 파병지 등 이역만리에서 보내온 명절 인사
- 독거노인, 탈북자, 난민 등 소외 계층의 외로운 명절
- KTX 기관사, 취업 준비생 등 추석에도 쉬지 못하는 사람들
- 헬기에서 내려다본 성묘객 모습

- 명절 스트레스, 명절 증후군

김 기자는 기성 언론의 부족한 면을 지적하면서도 너무 무겁지 않은 주제로 많은 사람이 편하고 유쾌하게 듣길 바라며 진행했다. 이후에는 옥유정 기자가 추석에 고부간 갈등을 조장할 수 있는 리포트를 했던 사례를 소개하며 처음이자 마지막인 〈댓읽기〉 라디오 생방송을 마쳤다. 당시 KBS 라디오 방송 전용 애플리케이션 '콩'에는 '재미있는데 왜 마지막 방송이냐?'라는 문의가 계속되었다.

> ➤ 너무 재미있게 들었어요. 〈댓읽기〉를 라디오 라이브로 처음 듣는 청취자는 '이렇게 재밌는데, 왜 마지막 방송인지' 의아할 거 같네요. 연말이나 명절에 특별 편성으로 라디오 라이브 또 하면 어떨까요? 시대가 바뀌었으니, KBS 유튜브 인기 방송이 KBS 라디오에서 일 년에 한두 번 라이브 하는 것도 유튜브 시대에 가능하지 않을까요?

〈댓읽기〉 제작진의 지상파 선택은 좋은 결정이었을까? 〈댓읽기〉 라디오 방송은 청취자에게 의미 있었을까? 〈댓읽기〉 구성원이야 방송의 생존을 위한 전략 중 하나로 선택한 방책이었지만, 이 또한 국민의 수신료로 운영되고 공공재인 전파를 타고 송출되는 방송이기 때문에 그 자체로 의미가 있었는지도 중요했다.

김기화 기자를 비롯한 〈댓읽기〉 구성원은 이 프로그램의 라디오 방송이 비록 8개월의 실험이었지만, 느슨해진 KBS 방송에 잠깐 긴장을 불어넣는 역할을 했을 것이라고 자평했다. 심의 규정을 조금 어기고, 회사 선배들을 약간(?) 긴장하게 했더라도, 방송의 외연을 넓히고 상상력을 발휘하는 데 도움이 되었을 거라고 보았기 때문이다. KBS에는 앞으로 이런 실험의 공간이 점차 더 늘어야 할 것이다. 세상은 빠르게 변하고, 다양한 콘텐츠가 쏟아지는데, 높아지는 대중의 눈높이와 다양해지는 취향을 '공영방송'이라는 이유 혹은 핑계로 외면해서는 안 되기 때문이다. 아무도 안 보는 품격 있고 중립적인 콘텐츠나 80~90년대에 머물러 있는 각종 규정과 고정관념의 선을 조금씩 넘으며 깨 보는 시도가 필요하다. 아닌 것 같으면 다시 돌아오더라도 저질러 보는 용기가 KBS를 전진시킬 것이다. 그것이 '선배들이 허락하는 저널리즘'에 갇히지 않고 시대와 대중과 함께 호흡하는 콘텐츠를 만드는 방법일 것이다.

김 기자 코멘터리

KBS 정규 라디오 방송에 편성된 〈댓읽기〉는 의외로 청취율은 나쁘지 않았다고 한다. 청취율은 애초에 신경도 쓰지 않았던지라 평소에는 물어보지도 않았지만, 종방 이후 오귀나 PD에게 넌지시 물었을 때 알게 됐다. 〈댓읽기〉 라디오 방송이 계속됐으면 어땠을까?

사실 극초창기를 지난 이후 〈댓읽기〉에는 '매운맛'이 많이 빠졌다. 거친 표현이 순화됐고 욕이나 비속어도 거의 쓰지 않았다. 오 PD가 이 정도면 별다른 편집 없이 그대로 내보내도 되겠다고 할 정도였다. 그 이유는 다름 아닌 〈댓읽기〉 조회 수 증가 때문이었다.

듣는 사람들이 늘어나다 보니 예상하지 못한 사연이 댓글로 달렸다. 어떤 교사는 〈댓읽기〉를 수업 시간에 교보재로 틀어 주고 싶은데 욕과 비속어가 많아서 쓸 수가 없으니 이를 줄여 달라고 했다. 한 어머니는 집 거실에서 큰 TV로 〈댓읽기〉를 보곤 했는데, 같이 보던 아들이 김기화 기자 말투를 따라 하다가 욕까지 따라 하더라는 웃지 못할 사연도 전했다. '아, 이래서는 안 되겠구나. 책임감을 가져야겠구나. 적당히 해야겠구나' 하는 생각이 들었다.

그런데 그런 댓글 밑에는 어김없이 매운맛의 유지를 바라는 단골손님들의 푸념이 이어졌다. '김 기자의 시원한 일갈을 듣는 맛에 보는데

매콤한 맛을 빼달라고 하면 어쩌느냐?'라는 내용의 댓글들이었다. 음식점같이 신메뉴를 개발하면 좋겠지만, 방송을 나눠 낼 수는 없는지라 더 대중성 있고 독기가 덜한 쪽으로 변절(?) 혹은 진화할 수밖에 없었다. 그러다 보니 아쉬움이 남는 것도 사실이다. 이럴 거였으면 그냥 라디오 계속했어도 좋았을걸 하는 아쉬움도 든다.

그로부터도 몇 년이 지난 지금, 유튜브 생태계도 많이 달라졌다. 〈댓읽기〉 초창기던 2018년에는 공영방송 기자가 유튜브에서 험한 말도 거리낌 없이 하며 사이다 발언을 하는 모습만으로도 시청자에게 신선함과 재미를 줄 수 있었다. 하지만 지금의 유튜브 시장은 당시와는 비교도 할 수 없을 정도로 발전했다.

시사 콘텐츠의 내용도 다양해지고 깊어졌다. '매운맛 토크'는 이제 식상한 정도를 넘어서 눈살이 찌푸려진다. 언론사들은 유튜브를 비롯한 뉴미디어 시장에서 충실한 내용은 기본이고 더 신선하고 매력적인 콘셉트와 구성을 끊임없이 개발해야 한다. 이 과제에 맞는 답을 빨리 찾고 만들기 시작하는 언론사가 대중의 마음을 먼저 사로잡을 것이다.

KBS 심의실이 쓴 '댓글'을 읽어 보니

▶ 〈댓읽기〉를 심의해 주신 분이 방송에 한 번 나와 주셔도 좋을 거 같아요. ^^ 얼마나 힘드셨는지 고초도 위로해 드릴 겸. ㅋㅋㅋ

▶ 방심위 KBS 담당자도 즐겁게 보고 있습니다. ㅋ 새롭고 다양한 시도 계속해 주세요!

〈댓읽기〉의 지상파 라디오 진출이 막을 내리고, 8개월간 오귀나 PD 책상에 쌓여 온 심의실의 심의평을 한 번 읽어 보기로 했다. 기자와 PD 마음 가는 대로 만들어 본 〈댓읽기〉와 공영방송 KBS 심의실의 시각은 얼마나 다를까? 〈댓읽기〉가 만들어 가는 저널리즘, 유튜브상에서 통용되는 질서를 지상파 라디오까지 확장하려던 실험이 공영방송사로서의 품격과 공정성을 지키기 위해 존재하는 심의실에는 중대한 도전으로 받아들여졌을지도 모를 일이다.

KBS의 모든 프로그램은 송출되기 전에 사내 심의실에서 사전 심의와 사후 심의를 거친다. 방심위의 심의를 받기 전에 사내에서 한 번 살펴보고, 송출된 이후 외부 모니터링단에 심의를 의뢰해서 문제점을 파악하여 담당 PD에게 알려 준다. 주로 비속어나 외래어, 정치적으로 편향된 발언 등이 문제 되는데, 문제가 반복되거나 커지면 담당 PD가 광화문에 있는 방심위에 출석해 해명해야 한다.

방심위에 출석할 때 PD는 평소에 잘 입지 않는 정장을 착용해야 하기 때문에 방심위 출석을 '정장 입는다'라고 하기도 한다. 자주 있는 일은 아니지만 문제가 심각해지면 국정감사에서 KBS 사장이 프로그램 관련하여 질문받고 이에 답변해야 하는 경우도 있으니, 마냥 웃어넘길 일은 아니다.

다행히도 〈댓읽기〉 지상파 편성 기간 동안 KBS 사장이 국감장에서 해당 방송을 변호하는 일은 일어나지 않았다. 오귀나 PD가 정장을 입지도 않았다. 제작진이 아쉽게 느끼기까지 한 것은 사고를 안 쳤다는 게 '그만큼 방송을 제대로 하지 않은 건 아닌가?' 싶어서였다. 하지만 모두 끝난 일이니, 그동안 심의실이 〈댓읽기〉를 어떻게 생각했는지가 궁금했다.

▸ 오늘 방송 레전드네. ㅋㅋㅋㅋㅋㅋ 심의 자주 받으면 좋겠어요.

▸ 심의 기준과 언론인의 태도에 더해서 시청자로서도 고민해 보게 되었어요. 이런 고민과 현실에 대한 쌍방향 의견 수렴 아주 칭찬해요.

▸ 그 심의실에서 뉴스는 심의하지 않는 건가?? 뉴스는 왜 그 모양인 거야. 뉴스가 〈댓읽기〉 절반만 따라가도 좋겠네..

▸ 언론계 주류 기자들이 언론에 대한 문제의식을 바탕으로 소통 창구를 만든 것만도 의미 있다. 논리 딸리는 댓글들도 '그런 견해도 있나 보다' 하며 그 자체로 수용하는 자세도 좋아 보인다. 기자들이 펜이 지닌 공익성과 위험성을 늘 의식하고 타사와 차별화된 품질 있는 기사를 만드는 데 서로 독려하고 경쟁하다 보면 KBS에 대한 신뢰도 회복될 거라 믿는다.

▸ 대중은 기자의 근거 없는 뇌피셜을 보고 싶은 게 아니라, 사실과 그에 대한 분석을 보고 싶어 하는 겁니다. 〈댓읽기〉는 그런 면에서 기자들의 고민이 엿보여 좋은 것 같습니다. 〈댓읽기〉 힘내요!

대댓글 **댓글 읽어주는 기자들**

▸▸ 심의실 담당자분들도 웃으면서 평가하셨다고 하네요. ㅋㅋ 과연 〈댓읽기〉가 다시 정규 편성되는 날이 올까요?

KBS 사내 심의실의 의견서는 'KBS가 〈댓읽기〉에 단 댓글'이라고도 볼 수 있다. KBS의 댓글에는 다음과 같은 내용이 담겨 있었다.

먼저 긍정적인 의견을 보면 다음과 같은 사례가 있었다. 시내에서 소규모 동물 체험 행사를 주로 하는, 이른바 '유사 동물원'에서 벌어지는 동물권 침해를 다룬 방송에 대해 '동물권에 대한 KBS의 기사에는 동의하지만, 정작 방송 프로그램에서는 동물원을 긍정적인 이벤트로 취재하거나, 동물원을 홍보하거나, 뱀을 몸에 감는 모습 등을 아무렇지도 않게 볼거리로 보여주는 방송 관계자들의 이중적인 태도에 대해 비판하는 댓글도 적극 소개하고, 이에 대한 기자들의 반성도 전해 동물권에 대한 새로운 인식의 자리가 되었음'이라는 긍정적인 평가를 받았다. YG 마약 사건을 취재한 방송은 '최초 제보받은 기자(이화진 기자)의 취재기를 상세히 제시해 흥미진진했고 프로그램 정체성에 잘 부합했음'이라는 긍정적 평가를 받았다.

심의실의 지적 중에는 〈댓읽기〉의 기획자이자 진행자인 김기화 기자의 말이 빨라서 청취하기 힘들었다는 내용이 많았다. '김기화 기자가 다른 패널들에 비해 말의 속도가 빠르고 발음이 정확하지 않아 정보를 이해하는 데 어려움이 있음'이라고 평가했다. 특히 〈댓읽기〉의 지상파 라디오 처음이자 마지막 생방송에 대해 '추석을 맞아 처음이자 마지막으로 생방송을 진행해 의미 있었고, 안타깝게도 마지막 방송이 듣던 중 가장 재밌었으나 출연자들의 말이 너무 빨라 청취자의 마음이 급해졌음'과 같이 일반적인 KBS 방송보다 템포가 빨랐다는 지적이 있었다.

〈댓읽기〉에 대한 심의평을 좀 더 살펴보면 폭력이나 마약류를 설명할 때 너무 자세히 묘사했다는 이야기가 많이 나온다. YG 마약 사건을 다룬 방송에 대해 심의실은 '이화진 기자는 BI가 샀던 마약에 대해 "종이가, 네모난 기름종이에 약품을 발라서 바짝 말린 다음에 혀에 대면 돼요. 종이를 혀에 대면 엄청 큰 환각 작용이 있는데, 그래서 우리나라에서 1급으로 분류되고 있는 마약입니다. 그래서 비싸요."라고 했는데, 마약의 사용 방법과 효과 등을 구체적으로 묘사해 심의 규정 제38조 3항에 어긋나는 것으로 생각됐음'이라고 평했다. 동기 병사를 폭행하고 대소변을 입에 넣게 한 엽기적인 군 가혹 행위를 다룬 방송에 대해서는 해당 가혹 행위를 너무 구체적으로 묘사해서 심의 규정 19조 1항인 사생활 보호 규정과 23조 4항의 범죄 사건의 필요 이상의 구체적 묘사나 흥미 위주의 선정적 보도라는 지적을 받았다.

〈댓읽기〉 기자들도 마약에 대한 구체적인 설명이 문제였다는 지적에는 동의했다. 필요 이상으로 해당 마약의 간편함과 환각 작용의 정도를 상세히 묘사한 점은 문제였다고 생각했고, 앞으로도 주의하겠다고 다짐했다.

군 가혹 행위에 대한 취재 방송에는 다음과 같은 댓글이 여럿 달렸다.

> 보다가 괴로워 중단합니다. ㅠㅠ

> 너무 참혹해서 다 듣지도 못하겠어.

〈댓읽기〉 구성원은 가혹 행위를 두루뭉술하게 표현했어야 하는가에 대해서는 좀 더 생각해 볼 필요가 있다고 판단했다. 〈댓읽기〉는 시청자 및 청취자의 흥미를 끌기 위해서 선정적인 내용을 다룬 게 아니다. 사생활 보호에 대한 규정은 해당 보도로 피해자의 사생활이 침해당할 수 있다는 우려가 담긴 내용이지만, 해당 내용은 피해자의 친형이 공론화를 원하며 해당 가혹 행위를 꼭 알려 달라고 부탁한 상황이었다. 의견이 다를 수 있겠지만, 〈댓읽기〉 기자 대부분이 심의 규정이 너무 일괄적이고 기계적으로 적용되었다고 생각했다. 해당 범죄가 얼마나 가혹하고 비인간적이었는지를 전달하기 위해 가혹 행위 묘사는 불가피했다고 보았다.

〈댓읽기〉가 기업이나 상품의 홍보를 많이 한다는 지적도 있었다. 그런데 〈댓읽기〉는 방송을 시작하고 단 한 번도 홍보 요청에 응한 적도, 응할 계획도 없었기 때문에 의외의 지적이었다. 정연욱 기자가 본인이 거주하는 도봉구 창동 지역 이마트 앞에 무인 계산대가 생겨서 노동자가 시위하더라는 얘기를 꺼내며 '도봉구 창동 이마트가 전국 1호점'이라고 부연 설명한 게 문제 된 것이다. '댓글 소개 시 네이버, 다음, 트위터, 엠팍 등의 언급은 광고 효과 금지 조항에 위배됨'이라는 지적도 있었다. 지상파에서는 그동안 금기시돼 온 부분이다(〈개그콘서트〉 시즌 2에서는 이를 코미디 소재로 활용하고 있다).

이에 〈댓읽기〉 기자들은 현재의 커뮤니티 생태계를 고려하지 않은 지적이라고 입을 모았다. 포털이나 커뮤니티마다 성향이 다르고, 어떤 댓글이 어느 커뮤니티에서 나왔는지가 해당 댓글의 의미를 다르게 해석할 수 있는 여지를 주기도 하기 때문이다. 30대 여성이 많이 활동하는 커뮤니티의 분위기와 20대 남성이 주로 활동하는 커뮤니티의 분위기는 다를 수밖에 없고, 정치 성향도 커뮤니티마다 달라서 댓글이 커뮤니티마다 서로 다른 맥락을 지니고 있기 때문에 해당 심의 지적은 받아들이기 힘들다고 판단했다.

'일본 맥주 불매 운동을 다루면서 기존의 1위 아사히 맥주에 대해 출연자들이 "맛있긴 했어요.", "카스가 조금 더 맛있는 것 같아요.", "카스 제조사에서 좋아할 것 같은데요."라고 한 부분은 국민이 심각하게 생각하는 사안을 장난스럽게 처리했다는 인상과 동시에 간접 홍보에 해당할 우려가 있어 보임. 진행자의 "사실 우리가 아사히 안 먹고 하이네켄 먹는 거는 큰 결단이 아니잖아요."도 간접 홍보의 우려가 있음'이라는 지적을 받았다. '일본계 저축은행 이야기를 하면서 진행하는 기자가 산와머니의 CM송을 부르는데, 방송의 정보성과는 관계없는 내용으로 간접 홍보와 품위 유지 문제의 우려가 있음'이라는 지적도 받았다. 〈댓읽기〉는 청취자에게 더 구체적이고 사실적으로 와닿게 설명하기 위해 상표명을 노출시킨 것이지만, 지상파 라디오라는 점을 고려할 필요가 있었기 때문에 지적을 받아들일 수밖에 없었다.

톤 앤드 매너(Tone & Manner)도 문제 됐는데, '강원도 산불 보도와 관련해 재난 방송이 부족했던 점을 인정하며 반성했는데, 다소 장난스러운 태도가 아쉬웠고, 진정성이 없었음', '유승준 씨의 입국에 관한 댓글을 소화하거나 성락교회 김기동 목사의 횡령 배임과 관련한 대화를 하는 도중 기자들이 웃음을 터뜨리는데, 유승준 씨에 대한 여론이 비록 좋지 않고, 김 목사에 대한 횡령 배임죄가 1심 유죄 판결이 났더라도, 예민한 사안에 대해 웃음을 자주 보이는 것은 기사에 진지하게 접근하지 않는다는 인상을 줄 수도 있고, 경우에 따라서는 비웃는 느낌도 줄 수 있으므로 방송에서 유의해야 하겠음'이라고 방송에서 자주 웃는 분위기에 대해 지적받았다.

〈댓읽기〉 유튜브 방송에서도 가장 많이 지적받은 댓글도 웃음에 대한 것이다. '기레기들아, 지금 웃음이 나오냐?'라는 지적인데, 방송을 진행하면 할수록 조절하기 어려운 대목이기도 하다. 방송 취지가 보도에 대해 편하게 이야기하고, 친한 기자끼리 솔직한 대화를 나누는 것이기 때문에 일반 라디오 프로그램보다 웃음이 자주 나올 수밖에 없다. 그리고 〈댓읽기〉 구성원에게 진지한 내용의 아이템을 다룰 때는 웃음이 등장하면 안 되는지, 그럴 때마다 자제해야 하는지, 자제한다면 어느 정도가 적당한지 등은 방송할 때마다 고민되는 부분이다. 물론 지키고자 하는 기본적인 규칙은 있다. 사회적 약자의 비극은 엄중하고 조심스레 다루되, 사회적 강자의 치부는 더 적극적으로 비판하고 마음껏 웃으며 진행하는 것이다.

정치적 편향성을 조심해야 한다고 지적하는 심의평이었다. 당시 조국 전 장관에 대한 검찰의 수사와 언론의 검증 보도가 집중된 시기였기 때문에 관련 아이템에 대한 지적이 나왔다. '진행 기자가 "이건 제 개인적인 생각이고 KBS 전체 의견과는 상관이 없음을 말씀드립니다."라고 했는데, 진행 기자가 외부인도 아니고 KBS 기자이기 때문에 방송에서 한 멘트는 더더욱 KBS 전체 의견으로 간주될 개연성이 높음. 적어도 청취자에게는 무책임하다고 받아들여질 수도 있어 KBS의 신뢰성을 떨어뜨릴 수 있는 발언이므로 신중해야 하겠음'이라는 지적이었다.

이와 같은 지적은 〈댓읽기〉의 취지와 직접적으로 맞닿아 있기 때문에 깊은 고민과 논쟁이 필요한 사안이다. 〈댓읽기〉 구성원은 다음과 같이 자문했다. '기자는 개인의 생각을 방송할 수 없는가?', '기자는 자신이 사실이라고 믿는 내용만 건조하게 나열하면 역할을 다하는 것인가?', '기자는 이른바 팩트를 나열한다는 미명하에 숨기고 싶은 내용은 보도하지 않고 팩트를 교묘하게 편집해 의도를 투영하기도 하는데, 그게 더 잘못된 것 아닌가?', '기자는 자기반성을 하고 이를 대중에게 고백해서는 안 되는가?', 'KBS 기자 한 명이 방송에서 의견을 이야기하면 그것이 대중에게 KBS 전체의 의견으로 받아들여지고 KBS에 대한 신뢰를 떨어뜨릴 수 있는가?'

현존하는 심의 규정하에서 해당 심의평은 지당한 지적이다. 그리고 해당 내용은 〈댓읽기〉를 만들고 진행하면서 가장 많이 듣는 질문이자, 가장 깊게 고민하는 문제이기도 했다. 하지만 변화하는 미디어 환경에서 새로운 시도는 늘 기존 규정을 어기는 것부터 시작하기에 〈댓읽기〉는 이를 알고도 어느 정도는 어기면서 고민과 논쟁을 이어 가기로 했다.

이 밖에 욕, 일본어, 은어 등을 남용해 언론의 품위를 손상시킨다는 우려도 있었다. 〈댓읽기〉 구성원은 재미있는 방송을 만들자는 마음이 크다 보니 일상생활에서 하는 욕을 마음껏 하며 방송했는데 당시 오귀나 PD는 해당 부분을 '삐' 처리해서 내보내곤 했다.

'제작진이 방송 언어 순화를 위해 묵음이나 '삐' 처리로 일부 신경을 쓰고 있으나, 그럼에도 진행자나 패널의 유행어나 비속어, 은어 등이 자주 등장해 좀 더 주의를 기울여 걸러 줄 필요가 있겠음. 예를 들어 '짱 박혀 있다', '개멘붕', '짱이에요', '뻰치기' 등이 있다. '진행자인 김기화 기자는 후배 출연 기자들에게 반말을 자주 사용해, 반말 진행이 잦은데, 예의에 어긋나는 반말 또는 불쾌감을 유발할 수 있는 언행 등은 방심위의 방송 심의 규정 27조 품위 유지 규정에 저촉됨. 또한 댓글도 대부분 반말로 오는데 이를 경어체로 바꾸지 않고 모두 반말로 읽어 주고 그 내용 또한 거친 말이 많아 심각성이 더해지고 있음. 여러 번 지적했듯 개선이 필요해 보임', '진행 기자는 재미를 주기 위해 댓글을 읽을 때 과장해서 읽어 주는 경우가 있는데, 댓글의 거친 내용이 진행자의 연기 톤과 맞물려 보다 증폭되고 품위가 떨어지는 면이 있어 유튜브에서는 호응이 있을 수 있겠으나, 방송에서는 바람직하지 않아 보임'이라고 욕과 반말, 은어 사용에 대한 지적이 계속되었다.

심의평에는 '여러 번 지적했듯'라는 표현이 있는데, 심의평을 작성하는 입장에서도 여러 번 지적했는데도 개선되지 않으니 답답했을 것이다. 하지만 품격과 품위를 지키기보다 대중이 편하게 보며 웃을 수 있는 저널리즘을 목표로 하는 〈댓읽기〉이기 때문에 그 부분에서 타협하기는 어려웠다. 결국 이런 심의평이 누적되며 〈댓읽기〉와 지상파 KBS는 갈라서는 게 맞다는 결론에 이르게 되었다.

심의평을 작성한 직원은 평소에는 유튜브로 〈댓읽기〉를 즐겨 보았다고 한다. 하지만 KBS 심의 기준에 맞춰 평가하려니 쓴소리를 할 수밖에 없었을 것이다. 쓴소리는 그대로 오귀나 PD에게 전달됐지만, 오 PD는 〈댓읽기〉 구성원에게 대부분 전하지 않았다. '출연 기자들이 기죽을까 봐'가 이유였다. 아무래도 출연진이 그런 지적을 매주 들으면 녹화 현장에서 자기 검열이 심해질 것이고, 결국 〈댓읽기〉 특유의 매력까지 잃게 될지 모른다는 우려에서 나온 판단이었다.

저널리즘의 새로운 실험인 〈댓읽기〉와 공영방송 KBS 심의실의 만남은 처음부터 잘못되었을 수도 있다. 〈댓읽기〉가 라디오에서 방송되고 얼마 지나지 않아 TV 방송 쪽에서 〈댓읽기〉의 지상파 편성을 제안해 왔다. 평기자들이 자발적으로 모여서 만든 팟캐스트가 TV 시사 프로그램으로 론칭된다고? 그 제안은 〈댓읽기〉 구성원에게 가슴 뛰는 이야기였지만, 여러 가지를 고려하여 고사했다. 〈댓읽기〉 구성원은 이 방송의 지상파 TV 편성이 구성원에게 그리고 시청자에게 어떤 의미가 있는지 고민해야 했다. 유튜브와는 비교할 수 없을 만큼 많은 제작비가 투입되고, 지켜보는 눈이 많아진다. KBS 심의실의 심의평을 더 진지하고 더 무겁게 받아들여야 한다. 날 것 그대로의 매력은 내려놓아야 한다.

〈댓읽기〉의 지상파 TV 방송 편성으로 잠깐은 재미있게 진행할 수 있겠지만 장기적으로 봤을 때, 콘텐츠의 생명이 외부 환경에 의해 좌우될 것이라고 판단했다. 아쉽지만 콘텐츠 제작의 주도권과 자율성, 유튜브 콘텐츠로서의 매력을 더 살릴 수 있는 쪽으로 결정했다. 〈댓읽기〉는 화려한 지상파 데뷔보다 유튜브에서 다양한 저널리즘적 시도를 하며 그만의 저널리즘을 만들어 보는 것을 목표하기로 했다.

더불어 심의 규정이 '선'인지에 대해 재고해 볼 필요가 있다. 심의 규정은 언제나 옳을까? 규정집은 지당한 내용으로 가득하다. KBS 콘텐츠를 만드는 이라면 누구나 심의 규정을 준수하려고 노력해야 할 것이다. 하지만 어딘가에서 누군가는 엄격하고 근엄하고 진지한 심의 규정과 대중성 사이에서 줄타기해야 한다. 대중의 마음을 읽어야 하기 때문이다. 결국 방송도 언론도 대중을 위해 존재한다는 걸 잊어서는 안 된다.

그런데 심의 기준을 금과옥조와 같이 여기다가 시대의 흐름에서 멀어진다면 대중으로부터 외면받을 수도 있다. 실제로 심의 규정에 따라 콘텐츠를 제작해야만 하는 KBS 구성원 중에 '팔다리 다 묶어 놓고(심의 규정이 엄격하다는 의미) 공영성과 대중성 모두 잡으라고 하느냐?'라며 볼멘소리를 하는 이들도 있다. 그러니 유튜브에서라도 심의 규정으로부터 자유롭게, 도전적이고, 발칙하게 다양한 저널리즘적 실험을 계속하도록 기회의 창이 더욱 열려야 한다.

김 기자 코멘터리

문 닫았다가 다시 시작한 〈개그콘서트〉의 봉숭아학당에는 출연자가 상품 브랜드를 언급하다가 일부 오디오 송출이 되지 않는 구조의 개그가 있다. 태블릿PC 제품인 '아이패드'를 들고 언급하면 '아이패'까지만 들리고 뒤가 '음 소거' 되는 식이다. 출연자는 다들 아는 브랜드를 왜 말하지 못 하느냐며 이러다 보니 내가 '아이를 패'는 사람이 된 것 아니냐고 되묻는다. 네이버를 '초록 창'으로, 유튜브를 '너튜브'로, 이를 지칭하면서도 심의에 걸리지 않기 위해 신조어를 만들어 내야만 하는 공영방송의 숙명을 코믹한 터치로 풀어냈다.

공영방송으로서 지켜야 하는 선은 분명히 있지만, 그 선이 시대의 변화를 따라가지 못한다면? 제작자의 창작 의욕을 꺾는다면? 기자 스스로 자기 검열하게 한다면?

앞으로 KBS는 어떻게 될까? 이젠 말하기도 입 아픈 '콘텐츠 무한 경쟁 시대'에 그저 노잼 채널로, 공자님 말씀 읊조리는 채널로, 무해하지만 아무도 안 보는 채널로 남게 될까 두렵다. 이 같은 두려움에서 시작한 방송이 〈댓읽기〉다. 'KBS에서 이런 걸?'이라는 신기함을 넘어서, KBS에서도 파격적이고 재미있는 시사 프로그램을 만들 수 있다는 가능성을 보여 주고 싶었다.

〈댓읽기〉 비하인드

영상에 소개되는 댓글을 선택하는 기준은 무엇인가요? 좋아요 수, 공감 수, 기자의 마음을 동하게 하는 내용 중 기준이 무엇인지 궁금합니다. 그동안 〈댓읽기〉를 진행하면서 가장 기억에 남는 댓글(긍정적인 쪽으로든 부정적인 쪽으로든)이 있는지, 있었다면 어떤 댓글이었는지 궁금합니다.

댓글을 선택하는 기준에 대해 매번 고민했다. 적절한 댓글을 고르는 건, 마치 요리사가 시장에 장을 보러 가는 마음가짐과 비슷했다. 신선하고 좋은 재료가 있어야 맛있는 요리를 만들 수 있기 때문이다. 어떤 재료는 그 자체로는 맛이 너무 자극적이지만 다른 재료와 어우러지면 좋은 풍미를 낼 수도 있지 않은가? 그래서 다양하고 적절한 댓글을 찾는 건 언제나 어려우면서도 흥미진진한 일이었다.

방송 초기에는 '웃기고 기발한 댓글'을 찾으려고 했다. 그래서 댓글을 읽으며 함께 낄낄거리며 이야기를 풀어 가려 했다. 하지만 웃기기만 한 댓글에서 오는 재미는 짧고 가벼웠다. 이 방송을 진행하면 할수록 결국 선택하게 되는 댓글의 유형이 다음과 같이 네 가지로 정리되었다. '본인 경험 썰 댓글, 무지성 정치 댓글, 전문가 포스 일침 댓글, 가슴 절절 공감 댓글' 정도로 볼 수 있다. 모두 각자의 쓰임이 있지만, 본인 경험 썰 댓글과 전문가 포스 일침 댓글이 활용도가 높았다. 본인 경험 썰 댓글은 우리가 다루는 기사에 나온 사건과 관련해 본인이 겪은 일을 쓰다 보니 내용 자체가 알차고 시청자에게 몰입감을 선사했다. 그래서 어떤 사안인지 기사보다 더 짧고 강렬하게 시청자를 이해시키고 싶을 때 인용했다. 전문가 포스 일침 댓글은 기자보다 더 많이 아는 사람의 전문성 있는 댓글인데, 대개 기사에서 다루는 내용과 관련된 현직자인 경우가 많다. 이런 댓글의 경우 함께 배운다는 마음가짐으로 소개했다. 하지만 이런 댓글도 소개하기 전에 검증 과정을 거치려고 노력했다. 전문가인 척하고 허위 사실을 쓰는 분도 많다 보니 함부로 인용했다가는 사고 나기 십상이기 때문이다.

무지성 정치 댓글은 해당 사안에 대한 다양한 의견이 있다는 점을 강조하기 위해 인용한 경우가 많았다. 특정 정치 집단에 대한 반감에서 비롯된 억지 주장의 댓글은 늘 영상에 달리기 마련이었기에, 논리적으로 말이 안 되는 이야기라도 소개하곤 했다. 이런 정치 댓글은 소개하지 않았으면 좋겠다고 하는 시청자도 있지만, 〈댓읽기〉는 최대한 다양한 의견을 다루고자 했고, 어떤 주장이 조금 더 상식적이고 합리적인지 함께 고민하고 이야기해 보는 장을 열기 위해서라도 그런 댓글을 종종 소개하곤 했다.

가슴 절절 공감 댓글은 참사나 슬픈 사연과 관련된 이슈를 다룰 때, 이에 깊이 공감하는 내용을 담은 글이다. 사연이 있는 사안을 소개할 때 시청자의 공감을 이끌어 내기 위해 선정하는 경우가 많았다. 이런 댓글은 진행자가 선정 과정에서 읽다가 울컥하기도 한다. 〈댓읽기〉 영상을 보다가 이 같은 댓글을 보고 함께 눈물을 흘렸다는 시청자의 대댓글도 많았다.

〈댓읽기〉 초창기 댓글 선정은 김기화 기자와 오귀나 PD 그리고 박은진 작가가 함께 진행했다. 그러다 작가들이 프로그램의 성격과 맞는 댓글을 선정해 오고, 김 기자가 추후 검토하는 방식으로 점차 자리 잡게 되었다(눈빛만 봐도 아는 사이가 됐으니까).

기억에 남는 댓글은 너무 많았다. 특히 김기화 기자는 기존에 자연인 김기화를 알고 있던 사람이 우연히 유튜브 알고리즘을 통해 영상을 보고 댓글 창에 본인에 대해 이야기하는 댓글이 기억에 많이 남았다고 한다. 무엇보다 읽을 때 긴장되기 때문이다. 나름대로 착하고 바르게 살아왔다고 자부하는 김 기자이나 혹시 잊고 있던 잘못을 이야기하는 건 아닐까 하는 가벼운 긴장과 대충 누구인지 알 것 같은 반가움이 뒤섞여 댓글을 읽곤 했기 때문이다. 그에게 가장 기분 좋은 내용은 '예전에도 종종 사고 치더니 너는 그대로구나'라는 식의 댓글이었다. 김 기자에게 자기가 기억하지 못하는 그의 과거를 기억하는 사람이 지금 그의 모습과 과거 그의 모습이 변함없다고 말해 주는 경험은 과거의 자기 모습을 잠깐 만나는 것 같은 순간이었다. 김 기자가 아베 신조 당시 일본 총리 지역구에 가서 일제 불매 운동에 대해 현장 취재하는 영상에 달린 댓글을 대했을 때도 그런 순간이었다.

> 김기화 기자, 나를 기억할지 모르겠다. 기화가 고등학생 때 내게 논술 수업을 들었는데. 이** 선생. 기억할까? 나도 구독자 중 한 명이야. 옛날에 내가 느낀 기화의 캐릭터가 여전하구나. 자랑스럽네. 좋은 역할을 잘 하고 있구나.

김 기자는 '대체 선생님께서 느끼신 나의 고등학생 시절 캐릭터는 무엇이었을까? 선생님 입장에서는 얼마나 힘드셨을까?'라는 반성도 잠시, 반가움을 느끼며, 좋게 기억해 주셔서 다행이라고 생각했다. 이런 좋은 기억으로 남은 댓글과는 달리 기억에 남는 부정적인 댓글 중 대표적인 사례는 바로 성희롱 댓글이다. 본인이 정의의 편에 있고, 민주 시민이며, 깨어 있는 시민이라고 생각하는 사람 중에도 출연 기자, 특히 여성 기자에게 성희롱 댓글을 남기는 경우가 많았다. 처음에는 이 같은 댓글에 자제 요청을 담은 대댓글을 달기도 했지만, 그것으로 멈추지 않는 사람도 있었다. 그런 사람들은 어쩔 수 없이 채널에서 차단했다.

PART 2

반성과 발설

누구를 위한 스피커가 될 것인가

- 저도 언제부턴가 kbs 뉴스를 안 보는데요. 왠지 다른 방송들에 비해 좀 딱딱하고 지루한 느낌이었어요. 그렇지만 요즘은 조금씩 달라지고 있는 것 같아요!

- 청취자가 명확히 알지 못하던 부분에 대해 속 시원하게 지적해 주니 좋았습니다.

- '팩폭'으로 뼈 때리는 예비 언론인분들 ㅋㅋㅋ 파이팅이에요! :)

"조금만 더 기다려 봐. 이제 우리 떡상할 거야."

2018년 여름, 호기롭게 〈댓읽기〉 프로그램을 시작한 지 두 달 지난 시점, 구독자는 아직 141명에 머무르고 있었다. 그러던 중 〈댓읽기〉를 기획한 김기화 기자의 장밋빛 예견을 들은 강병수 기자는 '이래서 사람들이 물린 주식에서 벗어나지를 못하는 거구나. 아직 다가오지 않은 찬란한 미래를 기대하면서'라고 생각했다. 그만큼 김기화 기자는 '떡상'을 꿈꾸며 긍정적인 전망을 하고 있었다.

그렇게 '떡상'할 날을 기대하며 불확실한 하루를 버티고 있었고, 〈댓읽기〉가 아직 세상에 많이 알려지지 않았던 때, 〈댓읽기〉의 열 번째 녹화 방송이 있었다. 언론사에 기자로 입사하고자 준비하는 수험생, 이른바 '기자 준비생'들이 출연한 방송이었다. '속 시원한 소통'을 모토로 내세운 〈댓읽기〉였기에 언론인을 꿈꾸는 수험생의 목소리를 직접 들어 보자는 취지였다.

기자 준비생 출연자는 기자 준비생이 많이 모이는 온라인 카페에 광고해서 섭외했다. 출연자 섭외는 해당 방송 직전에 다룬 '김영란법 이후의 기자와 기업 홍보팀 간의 관계'를 다룬 방송이 좋은 반응을 얻은 덕분에 순조롭게 진행되었다. 언론계의 잘 알려지지 않은 '뒷이야기'를 속 시원하게 풀었고, 언론계 내부에서는 별것 아닌 것처럼 치부되는 관행이 얼마나 대중의 상식과 동떨어졌는지 보여 준 방송이었다. 해당 방송 영상은 당시 각 기업 홍보팀 직원 단체 채팅방에 공유되고, 타사 기자 사이에서도 긍정적으로 화제가 되는 등의 좋은 평가를 받았다. 이 때문에 기자 준비생 사이에서도 〈댓읽기〉가 꽤 볼 만한 유튜브로 소문이 났고, 출연자를 모집하는 데 어렵지 않았다.

언론에 관심이 있는 청년의 눈을 통해 'KBS 뉴스'를 들여다보고 싶었다. 〈댓읽기〉 구성원은 기자 준비생이 언론사 입사를 준비하며 기자보다 어쩌면 더 많은 기사를 꼼꼼하게 읽을 것이기에 날카로운 피드백을 기대했다. 역시나 세 명의 기자 준비생은 〈댓읽기〉에서 말 그대로 '뼈를 때리는 평가'를 이어 갔다. 그들이 평가한 바를 정리하면 다음과 같다. "KBS 뉴스는 재미가 없어요. 올드하고 고루해요.", "잘 짜인 각본 아래에서만 보도하려는 모습이 보여요.", "KBS 뉴스는 혼나지 않으려고만 하는 것 같아요. 내용부터 형식까지. 왜 시청자한테 혼나면 안 된다고 생각하는 거죠? 악플도 관심이라고 생각해요."

그들은 숨김없이, 가감 없이 평가해 달라는 초청 취지에 꼭 맞게 구체적으로 평가를 이어 갔다. 애정 어린 지적은 광범위했다. 중년의 남성 앵커는 정치나 사회 등의 무게감 있는 주제의 뉴스를 전하고, 어린 여자 아나운서는 상대적으로 가벼운 내용의 뉴스를 전하는 '포맷'은 왜 유지돼야 하는지, 기사의 인터뷰에 꼭 그 내용이 들어가야만 했는지부터 뉴스를 전달하는 방식까지 다양한 주제에 대한 이야기가 오갔다. 기자 준비생들의 평가와 그들과 함께 나눈 이야기는 〈댓읽기〉 구성원이 뉴스를 만드는 사람들로서 그동안 답답했지만 미처 드러내놓지 못하던 고민과 맞닿아 있었다.

기자 지망생들의 지적 중 특히 오랜 여운을 남긴 것은 KBS 뉴스가 '사회적 약자'를 위한 스피커가 되어야 한다는 것이었다. 〈댓읽기〉 구성원은 '자기 목소리를 낼 통로조차 갖지 못한 누군가를 대신해 주는 일이 공영방송이 해야 할 일 아닌가?', 'KBS는 그 역할을 잘하고 있는가?'라는 기자 준비생들의 질문에 대답하기 어려웠다.

➢ 그래요, 이제 기계적 중립의 시대는 갔습니다. '사회적 약자를 위한 스피커가 더 많아지는 게 진정한 중립이 아닐까?' 하는 멘트가 참 마음에 와닿네요. 저도 같은 생각입니다.

대댓글 **댓글 읽어주는 기자들**

➢➢ 기자 지망생들로부터 많이 배웠습니다. 지금의 기자들도 한때는 기자 지망생이었겠죠. 모두 기자 시험을 준비하던 때의 마음을 간직하고 있을까요?

기자 지망생들은 인상 깊었던 〈댓읽기〉 방송에 대해서도 이야기했다. 그들은 김기화 기자가 자기 기사를 평가한 대목이 특히 인상적이었다고 했다. 김 기자는 '조현병 특징 '망상, 환각', 심해지면 '범죄"라는 제목의 기사를 보도한 적 있다. 민주언론시민연합은 '조현병과 범죄 연결 지은 KBS, 이게 바로 혐오'라는 글을 통해서 김 기자의 보도를 '나쁜 방송 보도'로 규정했다. 김 기자가 이른바 기사의 '클릭 장사'를 위해 지나치게 자극적인 내용과 표현으로 보도한 것은 아닌지, 조현병에 대한 나쁜 편견을 강화시킬 뿐 발전적 논의를 가로막는 기사는 아닌지에 대한 문제의식이 내재된 규정이었다.

김 기자는 이에 대해 〈댓읽기〉 방송을 통해 당시 사회적으로 큰 문제가 된 '강남역 살인 사건'과 조현병의 관계에 대한 관심 때문에 기사를 작성하게 되었다는 경위부터, 기사를 쓰며 스스로 지녔던 조현병에 대한 편견과 최종적으로 기사가 정리되어 나가게 된 과정을 설명했다. 그리고 자신의 보도가 모든 조현병 환자를 잠재적 범죄자로 인식시키는 편견에 기여할 수 있다는 점을 인정하고 반성했다. 방송 이후에 '기자가 자기 기사가 스스로 부족했다고 인정하며 사과하는 모습이 신선했다'라는 댓글이 많이 달렸다.

- **'자신의 실수를 이야기할 수 있는 기자였기에 이런 프로그램을 만드는 게 가능했다'라는 생각이 드네요.**

〈댓읽기〉 구성원은 '기자 지망생 특집' 방송을 통해서 새로운 경험을 했다. 바로 '기자가 질문받는 상황'이었다. 기자는 누군가에게 질문을 던지고, 듣고, 적는 행위를 업으로 삼는다. 그런데 때때로 자기가 하는 '질문' 자체에 대해서 깊이 생각하지 못하는 오류를 범한다. 시간에 쫓길 때면 '듣고 싶은 답을 듣기 위해서만' 짧게 질문하는 경우가 있다. 방송 기자는 목격자 인터뷰 등을 담을 때 녹음하기에, 이를 '녹취를 딴다'라고도 표현한다. 이때 짧은 인터뷰에 원하는 내용이 담기지 않으면 몇 번이고 원하는 답을 들을 때까지 질문하는 경우도 있다.

인터뷰이가 사안의 본질을 말할 때까지 수차례 질문을 이어 가는 때도 많지만(이는 기자로서 당연한 것이다), 바쁜 업무에 치여 미리 기사의 결론을 내려 놓고, 꿰맞추기 위한 인터뷰 내용을 따러 나가는 상황이 늘어나게 되며 '이 질문이 꼭 필요한 것인지'에 대해 생각해 보는 경우가 조금씩 줄기도 한다. 연차가 쌓이고 기사 쓰는 일이 손에 익자, '만들기 쉬운 뉴스'만 찾는 건 아닌가 싶을 때도 있다. 〈댓읽기〉 기자들은 뉴스를 보는 시청자인 기자 지망생의 질문에 답하며 좋은 취재와 인터뷰는 무엇인지에 대해 다시 고민하게 되었다.

문제의 핵심을 정확하게 꿰뚫는 질문은 기자가 지닌 가장 강력한 무기다. 그리고 질문을 받는 사람이 대답하지 않을 수 없는 질문 혹은 답하지 않더라도 표정과 침묵만으로도 메시지를 전달할 수 있는 질문을 던지면서 국민의 '알 권리'를 충족시키는 게 기자의 역할이다. 이는 기자를 준비하는 이들이 꿈꾸는 기자의 모습이기도 하다. 〈댓읽기〉 기자들은 하루하루 기사 쓰는 일에 바빠서 잠시 잊고 지낸 그 모습을 기자 지망생의 질문을 통해 상기해 볼 수 있었다.

KBS의 뉴미디어 전략에 대한 지적도 빼아팠다. 이들은 당시 KBS 고위 간부 기자의 인터뷰를 인용했다. 해당 간부는 KBS의 뉴미디어 전략에 대해 "젊은 세대나 플랫폼별로 특화시켜 전략을 짜다 보면 우리가 상업 미디어와 무엇이 다른지 고민된다. 공영 미디어로서 방향성 설정에 매우 신중할 필요가 있다."라고 했다. 이에 대해 기자 지망생들은 대체 젊은 세대와 플랫폼을 어떻게 생각하기에 상업 미디어와 다를 바 없어진다고 하는 건지 의아했다고 말했다. KBS 입사 시험을 준비하는 다른 기자 지망생끼리 모여서 스터디를 하다 해당 인터뷰를 보고 모두 깜짝 놀랐다고도 했다. 당연히 세대별, 플랫폼별 전략을 짜서 대응하고 있어도 모자랄 판에 뉴미디어를 대하는 KBS의 태도가 너무 안일하다고 입을 모았다. 당연히 해소되고 해결되어야 할 문제에 대한 지적이었다. 자비로운 기자 지망생들은 "그래도 〈댓읽기〉 같은 뉴미디어 소통 플랫폼과 같은 시도가 있어서 다행이고, 앞으로 이런 도전이 더 늘었으면 좋겠다."라는 덕담도 해 줬다.

늦은 밤까지 뼈 때리는 지적을 호되게 해 주던 기자 지망생들은 "KBS가 달라질 수 있다고 생각하느냐?"라는 〈댓읽기〉 기자들의 질문에 "새로운 시도를 원하는 시대에 시청자와 소통 콘텐츠를 만들고 있는 〈댓읽기〉가 KBS가 변화하고 있는 가장 큰 증거가 아니겠느냐?"라고 응원해 주었다.

그동안 〈댓읽기〉 구성원은 '잘 하고 있는 걸까?'라고 스스로 의심하고 자문했다. 이에 대한 평가는 다음의 한국언론진흥재단 보고서에 담긴 〈댓읽기〉에 대한 평가로 대신할 수 있을 것이다.

'요즘에는 댓글이 포털이든 언론사 홈페이지든 사실상 배설 창구로 인식돼 많은 언론사가 방치하거나, 외부 업체에 위탁해서 맡기는 경우가 많다. 댓글 정책도 댓글 활성화보다는 제어 또는 삭제 등에 초점을 맞추곤 한다. 그런데 〈댓읽기〉가 이런 인식을 깨고, 댓글 공간도 건전한 소통이나 비판이 이뤄지는 장소가 될 수 있다는 가능성에 주목했다는 점은 다소 놀랍기까지 하다. 〈댓읽기〉는 댓글에서 긍정적 부분을 찾아내 이를 시청자와의 소통 창구로 끌어올리려 한 것이다. 지난 4년여간 〈댓읽기〉가 이런 역할을 성실히 해낸 것으로 평가된다. 이처럼 〈댓읽기〉가 지닌 몇 가지 한계에도 불구하고, 기자들이 먼저 시청자(독자, 소비자)에게 손을 내밀고, '소통하겠다'라고 나선 것은 한국 언론사에 중요한 포인트이자 기억해야 할 지점이라고 본다. 언론은 신뢰를 자본으로 한다. 이때 신뢰는

'믿을 만한 콘텐츠'로 구축할 수도 있지만, '호감'을 먼저 쌓고 호감을 지닌 존재의 '말(콘텐츠)'을 신뢰하는 순서로 진행될 수도 있다. 〈댓읽기〉는 지난 4년여간 이 과정을 외롭게 걸어온 것으로 보인다(양정애·권태호·김익현, 「언론사의 독자/이용자 소통 현황 및 전략」, 한국언론진흥재단, 2022, 100쪽.).'

〈댓읽기〉 구성원이 많은 이에게 충분히 만족스럽지는 않을지라도, '소통과 호감의 저널리즘'이라는 영역에 도전하고 어느 정도의 성과를 얻었다고 보는 것은 프로그램을 시작한 지 5년여가 흘러 차츰차츰 성장한 〈댓읽기〉의 구독자가 25만 명을 넘어선 데 근거한다. 증가한 구독자의 수는 단순한 숫자가 아니라, 언론의 '사명감'과 '절박함'을 이유로, '재미있게 만들어 보자'라는 의지로 거둔 '소통'이라는 성취를 의미하기 때문이다.

김 기자 코멘터리

KBS에 대한 기자 지망생들의 지적을 다시 상기해 보면 "KBS 뉴스는 재미가 없어요. 올드하고 고루해요.", "잘 짜인 각본 아래에서만 보도하려고 하는 모습이 보여요.", "KBS 뉴스는 혼나지 않으려고만 하는 것 같아요. 내용부터 형식까지. 왜 시청자한테 혼나면 안 된다고 생각하는 거죠? 악플도 관심이라고 생각하는데." 등과 같다.

그래서 이와 같은 지적을 받았던 KBS 뉴스는 이제는 달라졌을까? '올드'하지 않고 젊은 층에도 소구력 있는 뉴스를 만들고 있을까? 물론 전 연령대를 대상으로 하는 뉴스를 더구나 공영방송에서 만들기는 쉽지 않다(뉴스와 시사 프로그램이 재미있기는 원래 쉽지 않다). 시사 프로그램에 관심이 많은 사람 아니면 소위 어른들이나 재미있게 볼 콘텐츠다.

그럼 뉴스에서 짜인 각본대로 약속 대련하는 방식, 다시 말해 질문과 대답이 다 정해진 상태에서 원고만 읽는 식의 출연은 어떤가? 예전과 비교하여 변화가 있을까? 손석희 앵커는 JTBC에서 이런 약속 대련 방식의 인터뷰나 기자 출연을 없애고 자연스러운 토크를 하는 방식을 시도했었다. KBS 뉴스에도 비슷한 시도가 없던 것은 아니다. 그러나 그렇게 했다가 만약 방송 사고라도 나면 공영방송의 신뢰도를 깎아 먹을 수 있다는 이유로 이 같은 도전은 금세 예봉이 꺾이고 말았다.

그렇다면 묻고 싶다. KBS 뉴스는 시청자의 목소리에는 귀를 기울이고 있는가? KBS에는 '시청자위원회'라는 기구가 있다. 시청자 위원회에서 시청자 대표들의 의견을 모아서 제작진에게 전달하고 방송에 반영하는 제도다. 이것으로 충분할까?

KBS 뉴스에 대해 더 광범위하게 시청자의 의견을 듣는 공간이 필요하다. 그리고 이에 대해 답하는 과정이 필요하기 때문이다. 언론 소비자의 니즈를 자기 주변인이나 정치인, 고위 관료와 같은 준거 집단에 기대서 충족하고자 해서는 안 될 것이다.

5년 전 기자 지망생들이 지적했던 KBS 뉴스의 부족함은 아직 다 충족되지 못한 것 같다. 그들의 지적이 모두 옳지 않을 수도 있겠지만, 그들이 지적한 2018년의 KBS 뉴스와 2024년의 KBS 뉴스의 모습이 크게 다르지 않다는 점은 뼈아픈 대목이다.

왜 KBS 뉴스는 젊은 층의 목소리에 귀 기울이지 않느냐는 지적에 누군가는 KBS 뉴스의 주 시청층이 고령층이라는 점을 강조한다. 그러나 내겐 그런 말은 시대의 흐름과 대중의 취향에 민감하게 반응하기 싫다는 한가한 소리로 들린다. '국민의 방송 KBS'라는 미명이 부끄럽지 않도록 다양한 연령대와 계층의 사람에게 다가가는 노력을 더 적극적으로 해야 할 것이다. 더욱 광범위하고, 적극적인 '댓글 읽기'가 필요한 이유다.

코로나19
가짜 뉴스 월드컵

▸ 언론은 진실을 알려야 합니다. 국민이 언론을 믿을 수 있어야 하죠. 당연한 거잖아요? 오보했다면 제대로 사과하고, 기사를 다시 정리해 줘야 하는 거고요.

▸ '왜 시민이 기사를 그대로 믿지 못하고 한 번 더 팩트체크를 해야 하느냐?'라는 부분에 너무 공감해요. 정말 한국 언론과 기사는 일단 안 믿고, 관심이 생기는 뉴스를 팩트체크를 한 뒤에 스스로 확인 가능한 부분까지만 믿고 있습니다. 언론에 대한 신뢰도가 굉장히 낮아졌다는 게 참 씁쓸하네요.

코로나19가 처음 확산되던 2020년 초, 우리 사회는 큰 혼란에 직면했다. 많은 사람이 인류가 경험해 보지 못한 신종 유행병 앞에 두려움을 느꼈다. 대중의 두려움을 해소해 줄 것으로 기대되는 정부와 의료진, 언론도 코로나19에 대한 충분한 정보가 없었다. 세계보건기구(WHO)가 이따금 홈페이지에 공개하는 자료에 의존해야 하는 상황이었다.

코로나19만큼이나 전염력이 강했던 건 팬데믹 상황에 대중이 느끼던 두려움을 자양분 삼아 빠르게 퍼져 나간 허위 거짓 정보, 이른바 '가짜 뉴스'였다. 통마늘 달인 물이 특효약이라는 둥 참기름을 몸에 바르거나 먹으면 바이러스의 침투를 막을 수 있다는 둥 허무맹랑한 코로나19 예방·치료법에 대한 이야기부터 특정 지역에서 코로나19 확진자가 집단적으로 발생해 지역을 봉쇄한다는 유언비어까지 하루가 멀다 하고 가짜 뉴스가 쏟아져 나왔다.

초반에는 단순하던 가짜 뉴스는 시간이 지나면서 정치적 음모론에 얽히면서 사회 혼란과 불신을 부추겼다. '공적 마스크 5부제(마스크 수량이 부족하던 코로나19 확산 초기 정부의 마스크 수급 안정화 대책. 출생연도 끝자리에 따라 지정된 요일에만 약국에서 1인당 2매씩 마스크를 구매할 수 있었다)'와 관련된 음모론이 대표적이었다. 해당 제도 시행 당시 개인의 마스크 중복 구매를 막기 위해 약국에서는 국민의 개인정보를 보유한 건강보험심사평가원의 '요양기관 업무포털' 시스템을 활용했다. 누가 마스크를 몇 개 샀는지를 알아야 했기 때문인데, 엉뚱하게도 중국인이 대주주인 마스크 유통사가 마스크를 구매한 한국인의 주민등록번호를 총선에 이용한다는 음모론이 한동안 SNS에 퍼지기도 했다.

가짜 뉴스를 개인의 영리에 활용한 황당한 사례도 있었다. 한 유튜버는 채널 조회 수를 올리기 위해 방역복을 입은 의료진이 확진자를 병원으로 이송하는 장면을 연출해 동영상을 찍어서 유튜브에 올리기도 했다. 사회적으로 워낙 민감한 시기였기 때문에 해당 지역에는 경찰이 출동하고, 시민이 대피하고, 상인들의 매출에 타격을 주는 등 한바탕 소동이 벌어지기도 했다.

가짜 뉴스에는 거짓 정보를 담은 사진이 많이 활용되었다. 한 장의 조작된 사진이 몇십 줄의 선동 문구보다 효과가 컸다. 과중한 업무에 방역복을 입은 채 병원 바닥에 쓰러져 잠든 의료진 사진은 '코로나19와의 사투에 지친 대구 의료진'으로 알려졌으나, 사실은 중국 의료진의 모습이었다. 이 같은 사례는 끝도 없이 나왔다. 가짜 뉴스 사진은 인터넷상에서 그야말로 빛의 속도로 확산되었다. 당시 KBS 팩트체크 팀은 각종 온라인 커뮤니티와 SNS, 제보를 통해 거짓이 의심되는 사진의 출처를 확인하고 사실 여부를 검증하는 기사를 작성했는데, 검증 기사의 출고 속도가 거짓 사진이 퍼지는 속도를 도저히 따라갈 수 없었다. 하나의 가짜 뉴스를 검증해서 기사를 쓰면, 두세 개의 가짜 뉴스와 사진이 유통되었다.

총선이 다가오면서 가짜 뉴스는 대통령의 무능함을 보여주는 수단으로 악용되었다. 코로나19 대책 회의에서 문재인 전 대통령이 왼손을 오른쪽 가슴에 올리고 국기에 경례하는 사진이 단체 채팅방과 각종 온라인 커뮤니티에 대통령이 치매에 걸려 정국을 제대로 이끌 수 없는 상태라는 설명과 함께 빠르게 확산됐다. 팩트체크 결과, 누군가 원본 사진에서 대통령 모습의 좌우를 뒤집는 방식으로 조작한 게 드러났다.

알고 보면 쉽고 간편한 방식으로 조작된 사진이지만, 그 진위를 확인하는 데는 많은 시간과 노력이 필요했다. 포토샵이나 그림판 등의 사진 편집 프로그램을 사용하면 사진 조작에 10분도 걸리지 않지만 검증해야 하는 입장에서는 해당 사진의 원본이 무엇인지, 혹시나 조작이 아니라 다른 각도로 찍힌 사진인지 확인하고, 담당자나 등장인물에게 진위를 확인한 후에 가짜 뉴스의 출처와 의도는 무엇인지 분석하고 취재해서 보도하기 때문이다. 가짜 뉴스는 일단 퍼지고 나면 확산 속도가 워낙 빨라 추후에 바로잡는 기사를 내도 가짜 뉴스를 덮을 수 있을 만큼 도달 범위가 넓지 않았다. 즉 기사의 도달률이 가짜 뉴스의 도달률보다 낮다는 문제가 있었다. 결국 팩트체크를 해도 이미 그 사건은 시간이 지나 관심이 줄어들고 대중의 기억에서 잊히기 마련이었다.

▶ 팩트체크를 해도 이미 지나갔다고 하시지만, 저처럼 뉴스를 보고 며칠 기다려서 <댓읽기>나 팩트체크 방송들로 사실을 파악하는 사람도 늘고 있습니다. 좋은 뉴스는 시간이 지나서라도 가치를 인정받게 될 거라 믿어 봅니다. 좋은 기사를 쓰는 기자에게 직접 상벌이 적용될 플랫폼이 마련되면 좋겠네요.

가짜 뉴스는 점점 교묘해져 언론사를 사칭한 사례도 종종 발견되었다. 이 경우 허위 거짓 정보의 파급력은 훨씬 컸다. SNS에 괴담 형태로 돌아다니는 이른바 '지라시'와는 다르게 기사의 형태를 띠고 언론사의 이름이 들어간 정보는 일단 신뢰하기 쉽기 때문이다. 해당 언론사의 홈페이지나 포털 사이트에도 없는 기사가 괴담을 싣고 SNS를 떠다녔다.

'긴급 속보: 2020년 3월 7일 0시를 기점으로 문재인 대통령이 긴급 행정명령으로 조선족은 1개월만 거주하면 주민증, 선거권 발급(종합 2보)'이라는 제목의 기사가 연합뉴스의 기사 양식으로 유통된 적 있다. 기사에는 중국 교포 단체 사진도 첨부되어 있었다. 기사를 작성한 기자는 '노미현'이었다. 포털 사이트에 '긴급 행정명령'을 검색하니 '조선족 투표권', '조선족 선거권', '연합뉴스 긴급 속보' 등의 연관 검색어가 나왔다. 해당 가짜 뉴스를 본 사람들이 추가로 검색해 본 흔적이었다. 행정안전부에 확인한 결과, 중국 교포에게 선거권과 주민권을 발급해 주는 긴급 행정명령은 없었다. 연합뉴스 측에도 문의하니 그런 기사는 나간 적 없다고 했다. '노미현'이라는 기자는 연합뉴스 직원이 아니었다. 첨부된 사진은 2014년 연합뉴스가 보도한 중국 교포 사진이었는데, 이 사진에 긴급 행정명령이 발동되었다는 허위 정보를 추가해 가짜 뉴스를 만든 것이다. 노미현은 여러 가지 사회 문제를 일으키는 '일베' 이용자들이 노무현 전 대통령을 비하하려는 의도로 사용하는 표현으로, 가짜 뉴스 생산지가 어딘지를 짐작게 했다. 그림판으로 교묘하게 편집해 만든 가짜 사진은 백 보 양보해 표현의 자유이고 해학이고 풍자라고 할 수 있을지 모른다. 그러나 언론사의 기사 형식을 그대로 빌려 실제 뉴스처럼 만든 것은 속일 의도가 얼마나 다분했는지를 보여 주는 사례였다. 연합뉴스는 해당 가짜 뉴스의 작성자를 명예훼손 혐의로 경찰에 고소했다.

▶ 진짜 기사만큼은 안 그랬으면 좋겠는데, 그게 안 되나?!

대댓글 **댓글 읽어주는 기자들**

▶▶ 언론사까지 가짜 뉴스를 생산하기 시작하니 같은 기자로서 고개를 들 수 없습니다. 해당 가짜 뉴스에 달린 기자와 언론에 대한 비판 댓글이 마치 '너희는 뭐 하고 있냐?'라는 질책으로 느껴졌습니다.

걷잡을 수 없이 퍼지는 가짜 뉴스에 언론까지 급격히 신뢰도를 잃기 시작하면서 〈댓읽기〉에서는 코로나19 발생 초기의 팩트체크 기사만 모아서, 가짜 뉴스를 바로잡는 자리를 마련했다. 위에서 소개한 다양한 가짜 뉴스 사례를 소개했는데, 영상을 시청한 〈댓읽기〉 구독자는 다른 사례보다 기성 언론이 오보로 가짜 뉴스를 만든 것을 접했을 때 가장 분노했다.

2020년 3월, 한 온라인 매체에서 '[단독] 우린 KF94 보냈는데, 불량 마스크 보내온 중국'이라는 제목의 기사를 냈다. 마스크 품귀 현상으로 중국이 어려움을 겪을 때 인천광역시가 중국 웨이하이시에 보건용 마스크 2만 개를 지원했고, 그에 대한 답례로 중국 웨이하이시가 인천광역시에 다시 덴탈 마스크 20만 장을 보내왔는데, 알고 보니 그 마스크가 중국 내에서 불합격 판정을 받은 불량 제품이었다는 것이다.

보도 내용을 확인하니 불합격 판정을 받은 마스크는 같은 업체에서 생산한 다른 모델 제품이었다. 제품명을 검색만 해도 누구나 쉽게 확인할 수 있는 내용이다. 인천광역시는 해당 기사를 확인해 기자에게 정정 보도를 요구했으나, 기자는 인천시의 입장을 한 줄 추가했을 뿐 기사 내용을 정정하지 않았다. 이후 이와 관련해서 팩트체크 기사가 나오자, 정정 보도나 오보에 대한 사과 없이 기사를 조용히 삭제했다. 문제의 기사는 퍼질 대로 퍼진 뒤였다. 팩트체크 과정에서 해당 기사를 작성한 기자와 연락이 닿아 기사 작성의 근거에 대해서 물었다. 인턴 기자라는 그는 오보에 대한 사과와 반성보다는 '인천시에서 기사가 틀렸다는 이야기를 들었다'라며 '팩트체크를 하려면 내 기사만 하지 말고 인천시의 주장도 팩트체크해 보라' 라고 오히려 반발했다.

기자만, 언론인만 문제일까? 기사에 대한 신뢰도를 스스로 깎아 먹는 기자와 언론인이 1차적으로 반성하고 고쳐야 마땅하지만, 기사를 소비하는 방식도 개선될 필요가 있다. 가짜 뉴스가 판치는 지금 시대에 건강한 언론 소비자가 되기 위해서다. 그 이유를 방증할 웃지 못할 내용을 담은 사례가 〈댓읽기〉 방송 중에도 있었다. 마스크 품귀 현상을 보일 정도로 국내 마스크 공급이 어렵던 당시, 문재인 정부가 북한에 몰래 마스크를 보냈다는 유언비어가 SNS에 퍼졌다. 소문은 북한의 코로나 대응 상황을 전하는 YTN 영상에서 비롯됐는데, 영상에 등장하는 의사가 쓴 마스크에 유한킴벌리라는 국내 기업 이니셜이 적혀 있다는 게 이유였다. SNS 반응은 격해졌다. 안 그래도 마스크가 부족한데, 정부가 북한에 마스크를 퍼 줬다는 마타도어(Matador: 흑색선전)가 댓글 창을 지배했다.

KBS 팩트체크 팀의 옥유정 기자는 해당 내용을 검증하는 기사를 취재 및 작성하여 보도했다. 해당 마스크는 유한킴벌리 제품이 맞지만, 북한으로 수출한 적도 없고, 정부가 지원했다면 유엔 안보리 대북 제재 면제 신청을 하고 승인받아야 하는데, 그런 적도 없다는 것이었다. 기사는 중국을 통해 밀수된 제품일 가능성이 높다는 추정으로 마무리되었다. 그런데 이에 대한 포털 댓글에 의외의 반응이 이어졌다.

> ▶ KBS가 드디어 진실을 밝혔다. 중국으로 빼돌린 마스크가 북한으로 갔다고 한다.

> ▶ 미친 정부. 미쳐도 단단히 미쳤네. 우리는 마스크도 없는데.

기사를 읽기나 한 걸까 싶은 댓글이 줄을 이었다. 이 같은 댓글은 추천 수를 많이 받은 댓글로 선정되어 댓글 창 상위에 올라갔다가, 다음과 같은 댓글이 달리면 삭제되곤 했다.

> ▶ 포털에 한국말도 이해 못 하는 사람만 있는 건가? 기사 내용을 봤다면, 댓글이 왜 이래?

> ▶ 기사 내용은 안 읽고 사실과 상관없이 자기 하고 싶은 말만 토해 놓은 치가 태반이네. 쪽팔리지도 않은지!

기자가 신중하게 팩트체크 한 기사를 쓰는 것도 중요하지만, 그만큼 언론 소비자도 건강하게 기사를 소비하고, 신중하게 댓글로 의견을 표출하는 분위기가 조성되어야 한다. 해당 방송에서 〈댓읽기〉 기자 중 한 명인 강병수 기자는 한숨을 쉬며 말했다. "말도 안 되는 한 줄의 가짜 뉴스 때문에. 이 기사(옥유정 기자의 기사)를 보면 정말 공들여 쓴 거거든요. 유엔 안보리 사이트도 검토해야 하고, 이건 왜 아니고, 저건 왜 아닌지를 면밀히 따져서 쓴 기사인데. 가짜 뉴스를 깨기 위해 이렇게 공들이는 것도 슬픈데, 심지어 말도 안 되게 읽히는 거예요. 이런 기사 생산과 소비의 과정이 이상한 거죠."

한 편의 블랙코미디 같은 이런 일은 언제쯤 사라질까? 이를 줄이기 위해서 누가 먼저 노력해야 할까? 당연히 뉴스 생산자인 언론이 노력해야 한다. 어떤 노력을 해야 할까? 가짜 뉴스를 찾아내 검증하는 것도 중요하지만, 그보다 앞서야 할 지점은 오보를 내지 않는 것이다.

그래서 KBS에서 팩트체크 팀을 만든다고 했을 때, 내부에서는 "팩트체크 팀이 왜 필요해? 기사 자체에 팩트가 담겨야 하는 건데."라는 말이 나왔다. 기사가 곧 팩트여야 하는 것인데 팩트체크 팀을 만들어 별도로 기사의 오류를 바로잡는 기사를 쓴다는 것은 인력 낭비라는 우려였다. 모든 기사의 시작은 팩트를 체크하는 것이므로, 당위적으로는 별도의 팩트체크 팀이 취재 영역에서 없어지는 것이 이상적이다. 그런데 현실은, 특히 SNS가 활성화되고, 다양한 가짜 뉴스가 범람하기 시작한 지금은 그렇지 않다. 누군가를 속이고 선동하려는 허위 거짓 정보는 사회가 어렵고 갈등이 격화될수록 늘어난다. 그리고 언론사가 이를 그대로 받아써서 가짜 뉴스의 확산에 일조하게 되는 경우도 생긴다. 허위 거짓 정보가 가장 위험해지는 건 가짜 뉴스 그 자체가 아니라, 해당 내용을 취재한 기자가 사실 확인을 게을리하다가 만들어 낸 오보가 데스크의 승인을 받고 기사로 출고되는 순간일지도 모른다.

➢ 각종 미디어 정보를 단순히 받아들이지 말고 해석하고 판단하는 우리가 되어야 하는 거겠죠.

안타깝지만 앞선 댓글처럼 이제는 언론 소비자도 기사 내용의 진위까지 의심하고 검증해 봐야 하는 시대가 됐다. 오늘도 어디선가 허위 거짓 정보가 만들어지고 있기 때문이다. 가짜 뉴스가 힘을 잃게 하기 위해서는 언론 소비자와 언론사 양쪽의 노력이 모두 필요하다. 딥 페이크나 AI 영상이 가짜 뉴스의 새로운 원천이 되는 요즘, 결국 신뢰는 비판과 검증에서 출발한다는 생각을 모두 해야만 하는 것이다.

김 기자 코멘터리

<댓읽기> 방송에서 가짜 뉴스 아이템을 다루면 꼭 달리는 댓글이 있다. 언론이 바뀌어야지 왜 시민이 언론을 검증하면서 읽어야 하느냐는 지적이다. 지당한 말씀이다. 하지만 동시에 공허한 말이기도 하다. 당위적으로는 맞지만, 실제로 언론 소비자에게 도움이 되는 말은 아니기 때문이다. 가짜 뉴스의 구조는 사기 범죄와 비슷하다. 법에 저촉되지 않을 만큼만 교묘히 언론 소비자를 속여 자신의 정치적, 경제적 이득을 취하려는 행위이기 때문이다. 언중위나 사법기관이 이 같은 가짜 뉴스를 공급하는 언론사에 제재를 가하면 좋겠지만, 가짜 뉴스는 '언론의 자유'라는 미명하에 처벌을 피하곤 한다. 언론 소비자가 정신을 바짝 차리지 않으면 어느새 자신도 피해자가 될 수 있다.

언론사의 자정 작용은 가능한가? 가능할 것이다. 사실 가짜 뉴스에 대한 팩트체크는 정상적인 언론사에서라면 일상적으로 숨 쉬듯 이뤄지는 당연한 과정이다. 하지만 언론사의 선의에 기대기만 할 수는 없다. 어떤 언론사는 팩트를 왜곡해서라도 '누군가가 믿고 싶어 하는 이야기를 해 주는 것'을 수익 모델로 삼기 때문이다. 그들은 그 니즈에 맞추기 위해 사실을 교묘하게 바꾸거나 확인해야 할 사항을 의도적으로 확인하지 않기도 한다. 그리고 그런 언론사는 점점 늘어나는 추

세다. 그렇다면 어쩔 수 없이 언론 소비자도 '사기 피해 방지 요령'을 알아야 한다. 미디어 리터러시(Media Literacy), 즉 미디어 독해력이 필수인 시대가 되었다. SNS에서, 온라인 커뮤니티에서, 포털에서 쏟아지는 가짜 뉴스를 피하려면 각자의 노력이 필요한 시대가 됐다. 언론사 탓만 하고 있기에는 상황이 만만치 않기 때문이다. 가짜 뉴스를 피하는 소극적 미디어 소비가 익숙해졌다면, 누가 온라인상에서 가짜 뉴스를 퍼트린다면 정정해 주고, 팩트체크가 잘 되어 있는 좋은 기사를 생산하는 기자는 응원해 주는 적극적 미디어 소비를 해 볼 만하다. 이 같은 미디어 소비자의 활동이 꾸준히 이어진다면 악화가 양화를 구축하는 속도를 늦추고, 양화를 생산하는 언론사에 힘을 실어 줄 수 있다. 악화가 양화를 구축하기 전에 양화를 꾸준히 만들어 내는 기자를 응원해 주고 격려해 주는 당신의 행동이 한국 언론의 질적 발전을 앞당길 수 있다. 따뜻한 댓글 하나면 충분하다.

다만 미디어 소비자가 이처럼 활동하려면, 먼저 이들이 믿을 만한(양화를 생산해 내는) 언론사가 필요한데, 결국 팩트체크에 익숙하고, '정론지'를 표방하는 레거시 미디어, 즉 기존의 방송사나 신문사가 그 역할을 맡을 수밖에 없다. 따라서 지금의 레거시 미디어, 특히 KBS를 비롯한 공영방송사는 오보나 가짜 뉴스에 더 큰 책임감을 가져야 한다. 이 시대에는 빠른 뉴스보다 '정확한 뉴스'가 언론의 존재 이유를 더 역설해 준다는 점을 기자는 잊지 않아야 한다.

15만 원이면 누구나 기레기가 될 수 있다?

➤ 키보드로 강도질하는 것과 뭐가 다른 거죠? 지자체나 정부 기관, 기업체, 소상공인 상대로 협박해서 돈 뜯어내는 거잖아요. 언론 개혁이 정말 필요합니다. 심각하게 해야 합니다. 언론 자유를 줬더니, 권력 맛이나 보려고 하고 강도질이나 하고 있네요.

➤ 직접 기사를 써야 기자고, 언론인 게 상식인데요. 그런 최소한의 기준도 없다는 사실에 어이가 없네요. 직접 쓴 기사도 없이 가짜 언론질하면서 영리를 취하는 것은 사기 행위죠!

국내에는 10,962개(2024년 1월 기준)의 인터넷 신문이 있다. 매년 수백 개의 인터넷 신문이 새롭게 생겨나고 있는데, 이와 같은 인터넷 신문의 목적이 문제 되기도 한다. 언론의 기능은 진실 탐구와 정의 구현 그리고 권력 감시와 견제, 약자의 대변

등이다. 그런데 1만 개가 넘는 인터넷 신문의 목적이 모두 이와 같지만은 않기 때문이다.

〈질문하는 기자들 Q(KBS1, 2021~2022)〉은 시사 교양 방송 프로그램으로, 우후죽순처럼 생겨나는 인터넷 신문의 기형적인 운영 방식과 영업 실태를 고발하기 위해 가짜 언론사를 만드는 실험을 진행했다(2021년 4월). 그 실험 내용이 너무도 황당하여 〈댓읽기〉에도 소개되었다.

해당 실험에 따르면, 인터넷 신문사를 만드는 데는 그리 오랜 시간이 걸리지 않는다. 신문사 창간까지 단 열흘이 소요되고, 자본금도, 투자 비용도 필요치 않기 때문이다. 사업장은 집 주소로 등록하면 되고, 심지어 기자나 직원 없이도 인터넷 신문사를 창간하는 게 가능했다. 지자체에 신고할 등록 신청서를 작성하고, 몇 가지 기본적인 서류를 우편으로 제출하자 열흘 뒤에 아묻따(아무것도 묻지도 따지지도 않고) 인터넷 신문 등록증이 발급됐다. 그다음은 신문사 홈페이지를 만들 차례다. 홈페이지 제작 대행업체를 이용하면 된다. 온라인 검색 사이트에서 '언론사 홈페이지 제작'을 검색하면 신문사 등록부터 홈페이지 제작까지 일괄적으로 대행해 주는 업체가 넘쳐난다. 15만 원 정도면 단 3일 만에 인터넷 신문사의 홈페이지 제작이 가능하다. 2주도 안 되어 언론사 하나가 뚝딱 만들어졌다!

그런데 1인 사업장 인터넷 신문이 무슨 수로 홈페이지를 채울까? 이것도 간단히 해결될 수 있는 문제다. 홈페이지 제작 업체가 기사까지 공급해 주는 놀라운 시장이 형성되어 있기 때문이다. 제휴된 신문사 백여 곳이 각자 생산한 기사를 서로 공유하는 일종의 '기사 품앗이' 시스템이 구축되어 있는 것이다. 이렇게 만들어 낸 가짜 신문사 홈페이지는 개설 이틀 만에 이미 5만 개가 넘는 기사로 꽉 채워졌다. 기사 창만 2,600페이지에 달했다. 홈페이지를 만든 시점이 2021년인데, 2018년에 생산된 기사부터 업로드되어 있어서 마치 꽤 오랫동안 활발하게 활동해 온 언론사로 보이기도 했다. 인터넷 신문사를 만든 사람은 단 한 줄의 기사도 쓰지 않았는데, 외부에서 보기에는 그럴싸한 언론사를 소유한 발행인이 될 수 있는 것이다.

이렇게 만들어 낸 신문사가 불법인지 아닌지는 애매하다. '신문 등의 진흥에 관한 법률(신문법)'에는 일주일에 게재하는 기사의 30%를 자체적으로 생산한 기사로 채워야 한다는 규정이 있지만, 그렇게 하지 않았을 경우에 처벌할 수 있는 규정도 없고, 이를 정부에서 일일이 조사하지도 않기 때문이다.

이렇게 만들어진 인터넷 신문사는 이제 광고비로 돈을 번다. 광고비 중에서도 가장 관리 안 되는 비용인 '지자체 광고비'가 인터넷 신문사의 주요 수입원이다. 매년 전국 지방자치단체(지자체)가 언론사에 집행하는 광고비는 수천억 원으로,

2020년에만 2,795억 원이 넘는 광고비가 집행됐다. 지자체로서는 언론 보도 건수로 대국민 소통 실적을 평가받다 보니, 광고비를 많이 집행해야 실적을 쌓기에 유리하기 때문이다.

그런데 인터넷 신문사 중에는 광고를 주지 않으면 부정적인 기사를 써서 해당 지자체를 괴롭히겠다고 협박하여 광고비를 따 내는 경우도 있다. 다음은 실제 어느 지역의 모 인터넷 매체 대표와 지자체 광고 담당 공무원의 대화 녹취록이다.

○○ 인터넷 신문사 대표 올해 마지막 건으로, 뭐 하나 주세요.

담당 공무원 저희가 드렸으면 좋겠는데, 올해는 저희 예산이 없어요. 저는 상반기에 한 번, 하반기에 한 번 이렇게 좀 정리해서 드렸으면 좋겠는데요.

○○ 인터넷 신문사 대표 지금 우리 보고 한 해에 두 번 받아먹으라면 '내파 삐지'(괴롭히는 기사를 쓰지) 그냥 있겠습니까? 아니, 이게 지금 뭐하는 거예요? 사람을 갖고 노는 것도 아니고요. 다른 언론사에는 창간광고 330만 원, 220만 원 다 줬잖아요. 그때도 내가 더럽지만 우는소리를 해서 100만 원짜리 하나 받고 말았는데, 내가 유독 100만 원짜리를 받는 데는 여기입니다.

담당 공무원 그냥 그렇게 정리 좀 합시다.

○○ 인터넷 신문사 대표 우린 뭐 1년에 두 번 200만 원 얻어먹고 살라고? 그럼 내가 기분 나쁘지요. 제가 올 12월에 안 받는 대신에, 분기별로 220을 주든 330을 주든지 약속하면, 올해 그냥 넘어갈게요.

담당 공무원 아휴. 분기별로 220은 너무 많습니다. 올해 광고를 안 드렸습니까?

○○ 인터넷 신문사 대표 올해 뭐 줬습니까?

담당 공무원 광고 두 건 드렸다 아닙니까?

○○ 인터넷 신문사 대표 참, 배 터지게 줬습니다.

녹취록에서 인터넷 신문사 대표는 지자체 공무원에게 광고를 달라고 집요하게 요구하며 괴롭히고 있다. 광고를 요구하는 신문사 대표의 태도가 너무도 자연스럽고 당당해서 이런 상황이 어제오늘 일이 아님을 짐작게 한다.

➢ 새삼스럽지 않네요. 이쪽에 약간만이라도 관심 있는 사람이라면

누구나 다 아는 이야기죠. 가짜 뉴스와 베껴 쓰기 기사가 판치는데, 표현의 자유 들먹이며 언론 제재 반대하는 사람들은 자유와 방종을 구분해야 할 듯.

▸ 이런 거 좀 막을 수 있게, 언론사 만드는 법을 공유하면 안 됩니까? 수십만 개가 만들어지면 경각심 좀 가질 것 같은데요.

대댓글 **댓글 읽어주는 기자들**

▸▸ '악화(惡貨)가 양화(良貨)를 구축(驅逐)한다'라고 하죠. 절망적으로 보일 수도 있지만, 해결 방법이 없는 건 아닙니다.

〈댓읽기〉의 '묻힌 뉴스 브리핑' 코너에서 인터넷 신문 관련 기사를 다루게 된 것은 이상하리만큼 언론사와 관련된 부정적인 기사가 유통되지 않아서였다. 언론사끼리는 서로 공격하지 않는 신사협정이라도 있는 것 같았다. 〈댓읽기〉에서 해당 기사를 다룬 방송이 나간 뒤에 일부 구독자가 '너희라고 다른 줄 아냐?', '쇼잉이다(보여 주기식이다)' 등 쓴소리하며 〈댓읽기〉의 진정성을 의심하기도 했다. 그러나 〈댓읽기〉는 언론 스스로 감시하고 반성하자는 취지에서 만들어진 방송이다. 언론의 잘못을 같은 언론으로서 지적하고, 스스로 부당한 일을 하고 있지 않은지 점검하기 위해 만들어진 방송이다. 상처를 빨리 드러내야 자정작용도 되고 외부로부터 제도적인 개입 시도도 가능하기 때문이다.

기자가 취재하면서 만난 문화체육관광부의 인터넷 언론 담당 공무원에게 '왜 제도 개선을 안 하느냐?'라고 질문하자, '언론의 자유라는 측면에서 정부가 기준을 완화해 줄 수밖에 없다'라는 답이 돌아왔다. 대한민국 헌법 제21조 1항에는 '모든 국민은 언론·출판의 자유와 집회·결사의 자유를 가진다'라고 명시하고 있다. 바로 '표현의 자유' 조항이다. 민주주의의 핵심은 공동체의 자유로운 의사 교환에 있기 때문에 대한민국 국민이라면 언론·출판·집회·결사의 자유가 기본권으로 보장된다는 것을 의미하는 조항이다. 특히 언론이 자유로운 의사 교환을 위한 공론장의 역할을 제대로 해야 민주주의가 잘 작동할 수 있으므로, 헌법은 언론에 대한 국가 권력의 허가나 검열 같은 통제와 탄압을 경계하고 있다. 그런데 우후죽순처럼 생겨나는 인터넷 신문사, 15만 원을 투자해 수백 수천만 원의 광고비를 따내겠다는 가짜 언론이 이 헌법 조항의 가치를 무색하게 만든다. 정부는 이와 같은 기형적인 인터넷 신문사의 행태를 알면서도 '표현의 자유'라는 언론사의 역린을 건드리게 될까 봐 적절히 조처하지 못하고 있다.

로마 황제들은 황실에 재원이 필요할 때 시중에 유통되는 은화의 함량을 줄여 가짜 은화를 만들어 발행했다. 순도

100% 은화나 함량이 떨어지는 은화나 액면 가치는 그대로였는데, 사람들이 진짜와 가짜를 모를 리 없었다. 결국 사람들이 물건을 살 때 가짜 은화만 사용하고 진짜 은화는 집에 모아 두게 되었고, 시장에는 가짜 은화만 유통되었다. 악화가 양화를 구축한다는 말의 유래이다.

국민에게 수신료를 받는 KBS나 후원금을 받는 독립 언론이 아닌 대부분의 언론사는 기업이나 정부, 지자체, 공공기관에서 나오는 광고비에 재원을 의존할 수밖에 없다. 언론사가 좋은 기사를 생산해 내고 그게 많은 사람에게 읽히고 그에 걸맞은 광고를 집행하는 구조가 언론과 광고 시장의 선순환이다.

하지만 언론의 기능을 충실히 하면서도 광고 영업을 할 수 없을 정도로 여건이 어려운 영세 언론사도 있다. 그리고 이러한 영세 언론사에 돌아가야 할 광고 예산을 기사 한 줄 쓰지 않는 인터넷 신문사가 기업이나 지자체에 대한 협박으로 '빨아들이고' 있는 셈이다. 잘라내면 다시 자라나고 잘라내면 다시 자라나는 머리처럼 언론계의 악화는 끝도 없이, 더 많은 물량으로 쏟아지고 있다. 이들은 이제 AI와 딥 페이크를 활용해 더 교묘하게 대중의 눈을 흐릴 것이다.

〈댓읽기〉 기자들은 기자로서 이와 같은 상황에 무력감도 많이 느꼈다. '악화가 쏟아지는데, 양화를 발행해 봐야 무엇 하나?' 하는 무력감 말이다. 하지만 금융 시장과 언론 시장의 차이점은 긍정적인 전망을 가능하게 한다. 화폐의 경우 소비자의 판단은 오직 '교환 가치'에 의해서만 내려지기 때문에 악화가 양화를 구축하는 것이 자연스럽다. 하지만 언론 시장에는 '시민 의식'이라는 변수가 존재한다. 언론 소비자와 화폐 이용자의 다른 점이 바로 이것이다. 높은 시민 의식에서 발현된 언론 소비 능력, 이른바 미디어 리터러시가 중요한 이유다. 언론 소비자가 악화를 발견하면 이를 소비하지 않거나 주변에 알리는 등의 행동이 일상적인 소비 행태가 될 때, 악화는 자연스럽게 자취를 감출 것이다.

〈댓읽기〉 기자들은 이런 이야기를 할 때마다 현직 언론인으로서 대중에게 깊은 자괴감과 죄송스러움을 느낀다. 생산자인 기자, 언론이 바뀌어야지 왜 시민에게 책임과 수고로움을 전가하느냐는 지적이 들리는 것만 같다. 언론이 바뀌어야 한다는 당위는 마땅하다. 〈댓읽기〉의 시작도 그런 문제의식 위에 있다. 하지만 이제 시대가 바뀌었다. 15만 원에 열흘이면 가짜 뉴스 공장을 돌리고 돈을 벌 수 있는 시대에 대중의 힘이 절실하다. 더 관심 두고, 관련 규제도 다시 들여다볼 수 있도록 정치권을 압박하는 데 대중의 힘이 더해져야 한다. 대중이 무서운 줄 알게끔 해야 한다.

김 기자 코멘터리

인터넷 신문에 관한 이슈를 다룰 때마다 마음 한구석이 불편하다. 내가 이렇게 영세한 인터넷 신문사를 마음껏 비판할 수 있는 이유는 무엇일까? 내가 광고를 따내려 기업에 영업하고 협박하고 눈치를 보지 않아도 되는 이유가 무엇일까? 가짜 뉴스나 연예인 가십거리로 자극적인 기사를 써내지 않아도 월급을 받을 수 있는 이유가 무엇일까? 그건 바로 내가 KBS 기자이기 때문이다. 〈댓읽기〉 출연 기자 개개인이 훌륭한 사람이고 언론인이기 때문이라기보다는, KBS라는 언론사에 재직 중이라는 이유로 그런 상황에 놓이지 않은 면이 크다고 생각한다. 국민의 수신료를 받아서 월급을 받고, 광고 영업을 뛰지 않아도 되는 건 공영방송 기자이기 때문이다. 수신료를 내기 싫다고 주장하는 사람들도 자본 권력으로부터 자유로운 언론사가 하나쯤은 있어야 하지 않겠냐는 명제에는 고개를 끄덕일 것이다.

그렇다면 KBS 기자에게는 그런 '특권'에 보답해야 한다는 마음가짐이 있어야 한다고 생각한다. 더 매섭게 기업을 감시하고, 약자의 목소리에 귀 기울이고, 스스로 청렴한 언론인이 되고자 노력해야 할 것이다. 지금 KBS와 그 구성원은 이러한 역할을 잘하고 있는가? 스스로 내리는 평가는 의미 없다. 대중의 평가와 생각이 정답일 것이다.

기자라는 괴물

- 기자들이 분노하는 지점은 공감하지만, KT만의 문제가 아닐 겁니다. 언제부터인지 어떤 것도 기업의 이익에 우선할 수 없다는 인식이 당연하게 받아들여지고 있다는 생각이 들어요. 사회적 책임이나 고객과의 신뢰는 고사하고 기본적인 윤리를 무시하는 행위에 참담합니다.

- 대기업 직원들의 저런 마인드는 협력 업체 직원들을 절대 같은 동료라고 여기지 않는다는 걸 보여 주는 거죠.

정부 기관과 공기업, 사기업을 막론하고 조직으로서 완결성을 갖춘 곳이라면 홍보 업무를 전담하는 부서 혹은 직원이 있다. 공보, 홍보, 대변, 언론 대응 등 용어는 다를 수 있지만 언론사와 기자를 상대한다는 점에서 본질적으로 같은 직무다. 기자라면 이런 직무의 사람들과 어떤 관계를 맺는 것이 바람직할지에 대해 고민하기 마련이다.

조직마다 언론사와 기자를 상대하는 직원의 태도와 성향도 가지각색이다. 이를테면 기획재정부나 교육부, 외교부 등 중앙부처의 대변인은 대체로 수동적이거나 방어적인 태도를 취한다. 정부 입장에서야 기자를 상대한다면, 주로 어떤 사안을 보충해서 설명하거나 보도 자료에 누락된 맥락과 팩트를 전달하거나, 고발을 목적으로 하는 취재에 해명하는 일이 많기 때문이다. 반면 기업은 적극적으로 홍보하는 경우가 많다. 기업은 자사의 성과를 알리려는 목적으로 언론을 활용하는 경향이 높기 때문이다. 국내 통신 3사는 업계에서도 홍보 경쟁이 심한 분야다. 통신 시장을 대기업 세 곳이 나눠 먹는 구조라서 서비스와 기술 경쟁이 치열한 만큼 각 회사 홍보실 직원도 적극적으로 기자들을 접촉한다. 그들은 언론을 통해 무언가를 알려야 하고, 기자는 그들이 제공하는 정보와 소스 가운데 보도 가치가 있는 것을 선별해야 하므로, 그 어떤 분야보다도 뚜렷한 갑을 관계가 형성된다(갑의 위치에 기자들이 있다).

하지만 취재든 홍보든 다 사람살이의 연장이라, 자주 연락하고 만나다 보면 사적인 친분도 형성되기 마련이다. 그러한 친밀함 이면에 각자의 현실적 의도와 목적이 없진 않겠지만, 영화에서처럼 거짓과 회유와 가식이 난무하는 첩보전을 수행하는 것도 아닐진대 굳이 서로 가면을 쓰고 선을 그을 필요는 없다. 더욱이 상대가 비슷한 연배이고, 업무 영역에서 서로 호흡이 잘 맞는다면 가끔은 사적 영역에서 흉금을 터놓을 때도 있다.

정연욱 기자는 2013년부터 2015년까지 통신 3사에 출입했다. 그는 한 KT 직원과 2013년부터 알고 지내, 출입처를 옮긴 뒤에도 상당히 친밀한 관계를 유지했다. 때로는 각자의 지인도 어울려 밥도 술도 함께하곤 했다. 가끔 업무와 관련된 만남도 있었지만, 사회에서 만난 '친구'에 가까워진 관계였다. 2021년 10월 25일 오전, KT의 유·무선 서비스가 85분간 마비된 날까지도 그랬다.

이 사고로 자영업자들은 점심 장사를 망쳤고, 직장인의 업무와 주식 거래, 학교에서의 비대면 수업 등 인터넷에 의존해 온 모든 일상이 순식간에 헝클어졌다. 당시 더불어민주당 대선 후보였던 이재명 후보의 경기도지사직 사퇴 기자 회견 방송 송출까지 중단되는 해프닝이 있었다. 그때 KT의 이동통신 가입자는 1,750만 명, 초고속 인터넷 가입자는 940만 명이었다. 피해 규모 산출조차 어려울 지경이었다. 이 사고에 앞서 2018년 11월 KT 아현지사 통신구 화재로 서울과 경기도 고양시 일대 통신 장애가 발생한 사고가 있었음에도, KT와 정부가 제대로 사고에 대비하지 않았음이 드러났다.

사고 직후에 KT는 "네트워크에 대규모 디도스 공격이 발생한 것으로 파악된다."라며 원인을 외부로 돌렸다가, 네트워크 경로 설정인 '라우팅' 오류 때문이었다고 정정했다. 라우팅은 특정 네트워크 안에서 통신 데이터를 전송할 때 최적의 경로를 선택하는 과정인데, 이 경로 설정에 오류가 생겼다는 설명이었다. 그리고 이 오류는 협력 업체 직원들의 실수에서 비롯되었다는 해명을 덧붙였다.

〈댓읽기〉에서는 해당 뉴스를 취재한 KBS 박대기 기자와 함께 관련 사안을 다뤘다. 특히 통신 업체의 생명 줄과 다름없는 '망 관리'를 왜 협력 업체에 맡겼는지, 라우팅 오류의 최종 책임이 협력 업체에 있는 것이 맞는지, 왜 하필 사용자가 몰리는 점심시간을 앞두고 이런 중요한 작업을 했는지 등을 따져 봤다. 이후 KT는 통신 요금 감면을 보상 방안으로 내놨지만, 1인당 천 원 안팎, 소상공인도 7~8천 원으로 터무니없이 미흡한 수준의 보상이었다. 이와 관련된 내용을 옥유정 기자가 한 번 더 다뤘다. 이례적으로 연달아서 날 선 비판을 쏟아내는 방송을 한 것이다.

정 기자와 가깝던 KT의 직원은 정 기자에게 사적인 불만을 토로했는데, 그 과정에서 정 기자는 KT 내부의 심각한 인식 수준을 접하게 됐다. 이를테면 'KT가 협력 업체에 사고 책임을 돌렸다'라는 비판에 "그렇다면 KBS는 협력 업체를 정확히 파악했느냐?", "협력 업체는 구멍가게가 아니다.", "책임을 돌렸다고 하는데 KT 역시 엄밀하게 말하면 피해를 입은 것이다.", "전 세계적으로 통신 장애 발생 시 약관보다 더 큰 보상을 해 준 사례가 없다.", "약관이나 대응 프로세스 같은 근본적인 문제가 아니라 보상금 액수를 갖고 조롱하는 KBS 보도는 수준이 낮다."라는 것이다. KT의 대국민 사과 기자 회견에 구현모 대표 이사가 나오지 않은 이유를 묻는 데는 사고 직후 구 대표가 KT 혜화 타워 앞에서 취재진과 질의응답하며 사과한 사례를 들며 "두 번 사과해야 하냐?"라고 반문하기도 했다.

정 기자는 해당 직원이 실무자로서 사고에 직접적인 책임이 없고, 사고 수습을 위해 주말까지 반납하며 격무에 시달렸기에 개인적으로는 측은지심을 느꼈지만, KT 내부에서 지금의 사회적 지탄을 어떻게 이해하고 있는지도 알게 됐다. 과거 KT를 출입하며 자주 만났던 다른 직원들에게도 은밀히 물었지만 마찬가지였다. '요즘 이런 불만이 있다던데, 당신도 마찬가지냐?'라고 물으면 대부분 '그렇다'라는 답이 돌아왔다.

정연욱 기자는 이들이 의도치 않게 표출한 마음의 소리를 방송에 공개하는 게 좋겠다고 판단했다. 사적인 신뢰의 측면에서 보면 해당 직원은 배신감을 느낄 법했지만, KT라는 대기업에 갇힌 구성원의 솔직한 생각을 알게 된 이상 기자로서 도저히 넘어갈 수 없었기 때문이다. 결국 '협력 업체'와 '하청 업체'란 두 용어가 본질적으로 서로 다르지 않고, '협력 업체'의 규모가 크다 한들 KT의 사고 책임이 면책되지 않으며, 보상 방안에 대한 세간의 비판을 조롱으로 받아들여서는 안 된다는 지극히 상식적인 내용으로 〈댓읽기〉 방송을 채웠다.

▶ 아는 사람의 발언을 공적인 자리에서 비판해야 한다는 게 마음 아팠겠습니다. 언론인의 무게인가 봅니다.

▶ 정연욱 기자, 각 분야에 기자 생활 하며 생긴 인연 다 끊어지면 어쩌죠?

▶ 불의를 보도하는 〈댓읽기〉에 '좋아요' 백 번 눌러 주고 싶어요!

대댓글 **댓글 읽어주는 기자들**

▶▶ 방송을 앞두고 모두 고민이 깊었습니다. 하지만 돌아간다고 하더라도 해당 내용은 공개할 것 같습니다.

방송의 여파는 곧바로 나타났다. 정 기자와 연락하던 KT 직원 대부분이 그와 함께 있던 단체 채팅방에서 나갔고, 눈에 띄게 정 기자를 피했다. 사석에서는 친구처럼 격의 없는 말투로 지내 온 직원이 갑자기 극존칭을 쓰며 거리를 두기도 했다. 정 기자에게 먼저 연락해서 'KT의 직원으로서 부끄럽다'라며 '분노에 대한 책임을 느낀다'라고 사과하는 직원도 있었다. 하지만 가장 먼저 불만을 쏟아낸 그 사람, 기자와 홍보실 직원을 넘어 깊은 친분을 오랜 시간 쌓아 왔던 그 인연은 끊어졌다.

정연욱 기자로서는 깊이 고민한 끝에 내린 결정이었고, 녹화한 뒤에도 후회하지 않았지만, 막상 연이 끊어지자 서글픔이 몰려왔다고 한다. 사실 조직의 논리에 매몰돼 균형감을 상실했다는 지적에 가장 귀 기울여야 할 집단은 다름 아닌 기자들이다. 취재와 보도를 하며 생긴 알량한 영향력으로 무수히 많은 사람에게 '갑질'하고, 기자에 대한 비판을 '언론 탄압'으로 몰아가는 뻔뻔함까지 장착한 유례없는 직업군이지 않나. 정 기자는 자기도 그러한 집단의 일원일진대, 대기업의 대리 내지는 과장급 직원이 사적으로 털어놓은 불만을 무슨 대단한 부조리인 것마냥 난도질해 버린 것 같다고 개인적인 소회를 밝혔다.

방송에서도 언급한 대로 정부든 민간이든, 공기업이든 사기업이든, 어떤 직업을 막론하고 사회 구성원은 알게 모르게 저마다 크고 작은 영향력을 행사하며 살아간다. 그 영향력에는 반드시 책임이 따른다. 직업에 걸맞은 책임감과 윤리 의식이 수반되어야만 한다. 자신이 속한 조직의 실수와 오류를 오로지 조직의 논리 속에서만 인식하고 비판 없이 사고한다면,

어느 순간에는 부당한 영향력을 행사하며 사회에 해악을 끼치는 괴물이 될 수 있기 때문이다.

홀로코스트의 실무 책임자 중 한 사람이던 아이히만이 예루살렘의 법정에서 '맡겨진 일을 열심히 했을 뿐'이라 뻔뻔하게 항변할 수 있던 이유는 그가 각별한 악마성을 내재해서가 아니라, 판단력을 상실하고 자기 객관화에 실패했기 때문이다. 기자가 정의감에 도취돼 결과적으로 정의롭지 못한 영향력을 행사해 온 수많은 사례처럼, 어느 조직의 구성원도 자신도 모르게 부조리에 기여할 가능성이 있다. 따라서 누구나 조직 내 논리에 파묻히지 않기 위한 노력해야 한다(조직의 파급력을 감안한다면, 누구보다도 언론사의 기자가 가져야 할 미덕이 바로 자기 객관화이다).

정연욱 기자는 '내가 기자가 아니었다면 이런 일도 없었을 텐데'라는 자괴감에 한동안 시달렸다. 직업의식과 직업적 정체성 때문에 일상에서의 가벼운 대화에서조차 사회적 맥락을 드러내려 애썼고 결과적으로 그의 소중한 인연까지 끊어졌다. 당사자가 무방비 상태로 방송을 보고 받았을 충격과 상처, 회사 내에서의 질책, 이 과정에서 감당했을 인간적인 모멸감 등을 떠올리며 '나는 왜 기자가 되어서 누군가에게 이런 짐이 됐을까?'라고 자문하지 않을 수 없었다고 한다. 가장 근본적인 고통은 '또다시 같은 상황에 직면했을 때 어떤 선택을 할 것인가?'라는 질문이었다.

'그 상대가 나의 가족이거나 내가 사랑하는 사람이라도 똑같이 행동할까?'라는 데까지 생각이 뻗치기도 한다. 영화 〈베놈〉에서 기자인 주인공은 동거 중인 애인의 노트북에서 대기업의 거대한 부조리가 담긴 정보를 입수해 폭로했다가 애인까지 해고당하게 하고, 그녀로부터 "병적으로 자기밖에 모르는 인간(You are pathologically self-absorbed)"이라는 비난을 받으며 헤어지게 된다. 2018년에 개봉한 이 히어로 무비는 보는 이로 하여금 주인공의 직업윤리에 감탄하게 하는데, 주인공 애인의 저주에 가까운 폭언 역시 깊은 인상을 남긴다. 어느 순간, 어느 때 혹여 자아도취에 빠진 이기적인 기자였을지, 언젠가 한 방송 보도가 누군가에게 깊은 상처를 주었을지, 상처를 줄 만큼의 가치가 있었을지, 어느 기자도 그 답을 쉽사리 찾지 못할 것이다. 쉬이 찾아져서도 안 될 문제다.

김 기자 코멘터리

〈댓읽기〉가 없었다면? 이런 충격적이고 내밀한 이야기는 어디로 흘러갔을까? 아마도 기자끼리의 술자리에서 안줏거리로 소비되었거나 업계에서 소문이 나는 정도로 그치지 않았을까? 〈댓읽기〉에서 다뤘기에 영상으로, 기록으로 남게 되었다. 그렇다면 '그동안 이런 이야기들은 다 어떻게 됐을까?' 이런 이야기들이 기자들 술안주로 휘발되는 모습이 너무 아까워서, 안타까워서 〈댓읽기〉를 시작했다.

기자에게 취재원과의 관계 설정은 늘 어렵다. 불가근불가원(不可近不可遠)이라는 말이 가장 적절하겠지만, 사람 사이 일이 그렇듯 어느 한쪽이 선을 넘게 마련이다. 취재원과 내밀한 관계가 되면 당연히 얻게 되는 정보의 양과 질이 달라진다. 인맥도 공유해 주고 정보 카르텔에도 끼워 준다. 회사 선배로부터 칭찬도 받는다. 정치권, 법조계, 재계 마찬가지다. 그래서 기자에게 인맥은 곧 실력이다.

어떤 기자는 그런 실력을 포기하면서까지 진실을 알리려고 노력한다. 그런 선택이 반복되면 업계에서 '왕따' 당하는 데까지 이르는데, 이런 기자들에게 필요한 건 대중의 응원과 제보다. 고위 취재원보다 대중을, 고급 정보보다 살아 있는 제보를 택하는 기자가 힘을 받아야 권력과 자본의 감시라는 언론 본연의 역할을 더 잘 수행할 수 있다.

앵커도, 댓글러도 답을 알고'는' 있다

> ▶ 발언의 맥락을 옮기는 데서 끝나지 않고, 숨은 의도를 드러낼 수 있는 뉴스가 필요하다는 데 동감합니다.

뉴스 앵커는 영어로 '닻(Anchor)'을 뜻한다. 뉴스 방송 프로그램은 여러 기사를 소개하며 진행되는데, 닻과 같이 묵직하고 안정적으로 뉴스의 중심을 잡고 기사를 소개하는 사람이 앵커다. 그래서 방송사에서는 신뢰할 수 있는 중견 기자에게 뉴스 앵커를 맡긴다. 따라서 방송사 메인 뉴스를 진행한다면, 그 사람은 사내에서 신뢰받는 인물이라고 볼 수 있다.

그만큼 앵커에게는 책임도 크다. 오보가 나가거나 뉴스가 대중으로부터 지탄받는 경우에 관련하여 꼼짝없이 영상과 사진으로 '박제'되는 것도 앵커다. 그 잘못이 일선 기자나 다른 실무자의 실수 때문이더라도 시청자는 당시 앵커를 떠올리기 마련이다. 또한, 뉴스는 생방송으로 진행되기 때문에 예기치 못한 사고가 발생할 가능성이 있기 마련이라, 앵커는 이에 대한 책임과 중압감을 안고 스튜디오에 들어선다.

〈댓읽기〉에 이들 앵커를 불러 보기로 했다. 시청자가 앵커에게 바라는 점을 전달하고, 앵커의 생각을 시청자에게 알리기 위해, 즉 '소통'하기 위해서였다. 2018년 말에는 엄경철 앵커, 2019년 말에는 이소정 앵커가 〈댓읽기〉에 출연했다. 엄경철 앵커가 〈댓읽기〉에 출연했을 때, 시청자가 KBS 9시 뉴스에 바라는 점을 댓글로 먼저 받고, 그중 몇 가지를 엄 앵커에게 물어보기로 했다. 댓글의 수준이 높은 만큼 출연자의 부담도 컸다.

> ➤ 기자의 '전문성'을 높여 주길 바랍니다. 국민 중에는 어느 분야든 전문가가 있는데, 기자가 전문성이 부족하면 뉴스에 대한 신뢰도가 낮아집니다. 기사보다 블로그에서 더 깊고 넓은 정보를 얻을 때도 있습니다. 전문가 인터뷰도 두 명 이상 진행하여 종합하면 같은 분야라고 해서 다 같은 의견과 정보가 있는 건 아니기 때문에 더욱 철저한 보도가 되리라 생각합니다.

엄경철 앵커는 〈댓읽기〉 기자들보다 최소 15년이 넘게 선배로, 선후배 관계가 엄격한 기자 사회에서 평소 대하기 힘든 인물이다. 하지만 앵커로 내정된 이후에 〈댓읽기〉에서 출연 요청을 하자, '후배들이 새로운 방송을 한다는데 출연하겠다'라며 흔쾌히 응해 주었다. 그는 앵커에 임하는 데 'KBS 뉴스가 달라지기보다는 뉴스 아이템 하나하나 최선을 다해서 읽고 이해하고 설명하고 시청자에게 마음으로 다가가겠다'라고 다짐했다. 시청자 댓글에 앵커가 답하는 시간이 이어졌다.

▸ 기자 이름 읽어 주는 게 앵커 역할인데, 굳이 기대해야 하나?

엄경철 앵커

▸▸ 날카로운 시선을 표현한 질문으로, 많은 비판이 들어 있다. 파편적인 정보나 소식을 전하는 것만으로는 지금의 시청자를 만족시킬 수 없다. 이미 정보는 세상에 널려 있기에, 어떤 정보를 어떤 맥락에서 어떻게 설명하고, 그 정보에 어떤 의미가 있는지를 전하고, 시청자의 삶에 어떻게 다가가는 뉴스인지에 대해 설명을 덧붙이는 '관점' 있는 앵커로 뉴스를 전달하겠다고 말씀드린다.

대부분의 시청자는 앵커의 역할을 리포트 하는 기자를 소개하는 정도로만 알고 있을 것이다. 방송 뉴스에서 대개 리포트가 시작되기 전에 앵커가 몇 마디를 하고 '○○○ 기자의 보돕니다'라고 리포트로 넘어가기 때문에 그렇게 인식할 수도 있다. 그러나 리포트 앞의 '몇 마디'는 온전히 앵커의 영역이다. 취재 기자와 협의하는 경우도 있지만, 시청자에게 해당 기사를 잘 소개하기 위해서 혹은 이전에 나온 기사와의 연결을 위해서, 앵커는 자신의 저널리즘 신념을 담아서 앵커 멘트를 쓰고 말한다. 엄 앵커는 자기에게 주어진 멘트에 맥락과 관점을 담아 시청자에게 설명하겠다고 약속했다.

▶ 세트하고 얼굴마담만 바뀐다고 뭐가 달라질까?

엄경철 앵커

▶▶ 전적으로 동의한다. 좀 더 깊이 있는 뉴스를 만들기 위해서 한 기사를 10분 혹은 그 이상의 길이로 만들어 보자는 공감대가 형성되어 있다. 9시 뉴스 아이템 수가 대폭 줄어들 거다. 중요한 몇 개의 주제만으로 9시 뉴스를 세팅할 생각이다. 고민되는 부분은 그럴 만한 이슈가 그날 생길 것인가이다. 큰 이슈가 터지지 않고 생각보다 조용한 때는 억지로 심층 뉴스 블록을 만들 수 없으니 말이다.

이 계획은 시청률 때문에 실행되진 못했다. 중요한 이슈 아이템을 여러 리포트로 나누어 보도하거나, 추가 설명을 위해 담당 기자가 스튜디오에 출연하면 어김없이 순간 시청률이 떨어졌다. 이에 대한 고민은 KBS 내부에서 오랫동안 진행되어 왔다. 시청자의 뉴스 소비 행태의 변화와 더불어 간단한 발생 뉴스는 낮에 소비되고, 저녁에는 주요 이슈에 대한 깊이 있는 분석이나 맥락을 짚어 주는 콘텐츠가 소구력이 있을 것이라는 판단이었지만, 낮은 시청률이라는 벽에 부딪혀 길을 잃었다. KBS 기자들은 여전히 새로운 해답을 찾고 있다.

➤ 사람이 바뀌는 것보다 시청자가 진심으로 궁금해하는 것을 묻고 또 물어서 답을 들려줄 수 있는 게 중요하다고 생각합니다.

엄경철 앵커

➤➤ 손석희 앵커를 보면서 인상적인 점이 '질문의 힘'이다. 심야 토론에 패널의 절반 정도로 정치인이 출연했었다. 출연 정치인은 앵커의 질문에 답하기보다, 하고 싶은 말만 하는 경우가 많았다. 그럴 때 좋은 앵커는 질문을 더 한다. 손 앵커는 반드시 질문에 답하게끔 "잠시만요. 제 질문에 답변하지 않으셨습니다."라고 다시 물어본다. 답변 가운데 시청자가 무엇을 궁금해할지를 고민해서 더 물고 늘어져 또 질문을 던진다. 그렇게 하다 보면 인터뷰이의 속마음을 들을 수 있게 되고, 시청자는 시원함을 느낀다. 세상을 풍성하게 하고 나아지게 하는 건 '질문'이라고 본

다. 그런 면을 손 앵커에게 배워야 한다고 생각한다.

KBS 뉴스에 게스트가 나왔을 때 '재미없다'라는 박한 평가가 나오는 경우가 많다. 가장 큰 이유는 '사고'가 나는 것을 극도로 꺼리는 KBS 뉴스의 분위기상 대본에 쓰인 대로 서로 약속된 질문과 대답만을 주고받는 '약속 대련'이 이뤄지는 경우가 많기 때문이다. 엄 앵커는 이 같은 방식을 타파하겠다고 약속한 후에 '약속 대련'에 그치지 않는 다양한 인터뷰 방식을 시도했다.

▶ 정치인의 언어, 날숨과 함께 뱉어 내는 말의 천박함은 끔찍할 정도다. 언론은 이를 여과 없이 옮긴다. 품격 있는 언어를 구사하지 않는 정치인의 언어를 언론이 지적하고 나무랄 줄 알아야 한다.

엄경철 앵커

▶▶ 보도하지 않는 것만이 능사는 아니라고 생각한다. 그대로 인용하는 전달 방식이 아니라, 그 발언에 대해서 평가해 줘야 한다. 가짜 뉴스가 섞였으면 팩트체크를 해 줘야 하고, 뉘앙스가 잘못되었다면 그 부분을 지적하면서 보도해야 한다고 본다. 예컨대 현재 정치인의 언어 수준이 이 정도라는 걸 보여 주는 것도 정보의 하나일 수 있기 때문이다. 그런 의미에서 때에 따라서는 보

여 주고 평가받게 해야 한다고 생각한다. 정치인의 언어도 정치의 품격과 수준이기 때문이다.

일부 정치인의 천박한 멘트를 그대로 인용 보도하는 데 있어서 기존 KBS 저널리즘의 경우에는 '있는 그대로 보도하고, 시청자가 판단토록 하라'라는 원칙을 고수해 왔다. 그런데 정치인의 망언 수위가 높아지고, 뉴스의 맥락과 해석을 바라는 시청자가 늘며 정치인의 망언을 아예 보도하지 않아야 한다는 댓글도 달렸다. 자꾸 보도해 주니까 정치인이 더 극단적으로 표현하고, 극렬 지지층에게 호감을 남기게 되는 것 아니냐는 지적도 있었다. 하지만 KBS만 무시하고 넘어간다고 해서 해당 발언이 알려지지 않는 것도 아니고, 다뤄야 한다면 이에 대한 평가와 팩트체크를 해서 보도해야 한다는 게 엄 앵커의 답변이었다.

- 민생과 직결되는 법안이라면 그 필요성과 긴급성, 쟁점, 통과 여부, 이에 따른 피해를 상세히 보도해 주세요. 기계적 중립을 지양하고 애매모호하지 않게 사안을 다뤄 주세요. 어느 편에 서라는 게 아니라, 공영방송으로서 국가와 국민이 발전할 수 있는 방향과 방법을 제시하는 언론이 되길 부탁드리는 겁니다.

엄경철 앵커

▶▶ KBS는 과거에 정파성 시비에 휘말리고 싶지 않다는 이유로 기계적 중립을 견지했다. 공영방송 '보도 최소주의'의 맹점이다. 보도에는 가치 지향성이 명확해야 한다. 저널리즘의 가치 지향성은 헌법이 명시하고 있다. 자유, 평등, 인권, 행복 추구 등. 가치 지향성을 명확히 하면 기계적 중립에서 벗어날 수 있다고 본다. 그동안 KBS는 여야의 정파성에 갇혀 중립주의로 쪼그라든 보도를 한 것이고, 여기에서 벗어나려면 잣대가 명확해야 한다. 그 지향점이 헌법이라고 본다. 헌법적 가치 지향성이 KBS의 바이블이 돼야 한다고 본다.

〈댓읽기〉 구성원은 KBS가 논란을 피하기 위한 '보도 최소주의'를 지양하고 '헌법'에 근거해 가치판단을 해야 한다는 엄 앵커의 의견에 일견 고개가 끄덕여졌다. 그러나 논란이 되는 기사를 다룰 때마다 매번 헌법을 뒤적일 수는 없는 노릇이다. 같은 헌법을 놓고도 해석이 분분한 경우도 있는 데다, 전문 지식이 필요한 사안이라면 판단의 난도는 훨씬 높아지기 때문이다.

이와 관련하여 홍성희 기자는 "KBS가 기계적 중립에 얽매여 있는 이유 중 하나는, '이 회사에 전문가가 별로 없기' 때문이에요. 통일·노동·경제·정치 문제 등 어려운 문제일수록 전문가가 없어요. 전문가가 없기 때문에 대세에 따라가는 보도만 하게 돼요. 저도 마찬가지였어요. 모르니까, 자신이 없으니까, 대세에 따라가면 내가 욕먹을 일은 없으니까요."라고 의미 있는 지적을 했다. 홍 기자의 지적은 필요한 분야에 '이 방향이 맞다'라고 자신 있게 써 줄 전문 기자가 적기 때문에 기계적 중립에 기댄다는 것이었다. 큰 틀에서는 헌법을 바탕으로 판단할 수 있겠지만 세세한 사항이나 헌법적 가치가 충돌하는 사안, 예를 들어 자유와 평등이 충돌할 경우에는 이에 능통한 전문 기자가 빛을 발하기 마련이기 때문이다.

엄경철 앵커는 '동의'한다며, 이 같은 문제를 해결하기 위해 10년 전에 전문 기자 제도가 있었지만 사라지게 된 배경을 설명했다. 막상 전문 기자를 육성하고 보니 부장과 팀장, 이른바 데스크의 입장에서는 사사건건 반박하는 '불편한 존재'가 되었다는 아이러니한 이야기였다. 데스크가 원하는 방향으로 보도를 지시하면 전문 지식으로 무장한 전문 기자에게 논박당하기 일쑤였고, 그 때문에 전문 기자를 키우지 않는 방향으로 KBS가 흘러온 것 같다는 의견이었다.

> 전문 기자가 없다는 게 솔직한 성찰이네요. 홍성희 기자님, 용기 있는 발언 응원합니다. 악의보다는 무지가 용서하기 쉽거든요.

이후에도 '타사 비판 보도에 왜 소극적인가?', '미디어 비평을 강화할 생각은 없는가?', '전문적으로 팩트체크를 하는 코너를 만드는 건 어떤가?', '〈댓읽기〉처럼 메인 뉴스에서 자기 반성해야 하는 것 아닌가?' 등 다양한 이야기가 오갔다. 〈댓읽기〉 기자 모두 10년이 넘게 기자 생활하면서 저널리즘에 대해 가볍게 때로는 무겁게 고민했지만, 말한 사람도 들은 사람도 다음 날이면 기억이 희미해지는 술자리가 아니고서는 KBS의 저널리즘에 대해 선후배 기자와 시청자가 함께 이토록 깊이 있게 의견을 나누는 자리는 흔치 않았다. 앵커의 저널리즘에 대한 관점을 이렇게 깊이 있게 들여다보고 논쟁하고 공개까지 한 사례가 있었나 싶었다. 앵커 시작할 때 기자회견 자리에서의 간단한 문답이나 홍보 영상 찍을 때 '더욱 공정하고 정확한 뉴스를 전하겠습니다!'라고 하나 마나 한 이야기를 하는 게 대부분이던 점과 비교하면 재미있고 의미 있는 시도였다.

〈댓읽기〉는 시청자와의 소통을 위해 만든 프로그램이었다. 그래서 〈댓읽기〉 구성원은 특히 시청자를 향하고 있다고 상정하고 방송을 진행해 왔다. 그러나 이제 〈댓읽기〉는 시청자는 물론, 기자라는 직업인 전체를 향하고 있다는 게 분명해졌다. 특히 엄 앵커 출연 방송에서 시청자의 댓글을 빌어 KBS 보도국을 이끄는 고참 선배 기자와 새로운 방송과 보도를 고민하고 시도하고자 하는 후배 기자들이 각자의 생각과 의견, 고민을 나눈 시간이 이를 방증한다. 그렇다면 해당 방송을 기점으로 〈댓읽기〉가 언론 소비자와 기자와의 가교 역할을 제대로 하기 시작한 것이라고 볼 수 있다.

엄경철 앵커의 출연으로부터 1년 후, 9시 뉴스 앵커가 바뀌었다. 이소정 기자가 KBS 최초로 9시 뉴스에 여성 기자로 메인 앵커를 맡게 되었다. 더불어 KBS 주말 9시 뉴스 앵커로는 〈댓읽기〉 구성원인 정연욱 기자가 합류하게 되었다. 이는 〈댓읽기〉에는 경사로운 일이었지만, 9시 앵커라는 무게감 때문에 혹여나 〈댓읽기〉에서의 발언이 문제 되지 않을는지 조심스러운 상황이었다. 앵커를 하는 동안에도 〈댓읽기〉 출연을 이어 갈지 말지를 두고 사내에서도 논란이 있었다. 김기화 기자는 정제된 발언보다는 '돌발적이고 날것의 발언'을 하기 쉬운 〈댓읽기〉 출연이 '높은 신뢰도와 품격'을 추구하는 9시 뉴스 앵커 활동에 지장이 되진 않을까 걱정했다. 뉴스 개편 기자회견에서 관련 질문이 나오면 어떻게 하나 고민하기도 했다(다행히 그런 질문은 없었다). 하지만 정 기자는 〈댓읽기〉 출연을 포기하지 않았고, 결국 주말 9시 뉴스 앵커와 〈댓읽기〉 출연 기자라는 활동을 병행하게 되었다.

이소정 기자와 정연욱 기자가 앵커가 되면서 〈댓읽기〉에서는 9시 뉴스 앵커가 시청자의 댓글에 응답하는 시간을 다시 가졌다. 이 기자는 유튜브 등 뉴미디어에 대한 관심이 높았고, 〈댓읽기〉의 구성원이던 정 기자는 따로 섭외할 필요도 없었다. 이소정 기자는 앵커 역할을 맡으면서 "뉴스의 홍수 속에 공정과 진실, 불편부당을 지켜 가겠습니다. 작은 목소리도 귀하게 듣겠습니다. 시청자 여러분과 이야기 나누고 교감하며 진실과 희망을 쌓아가겠습니다."라고 시청자와의 교감을 강조한 만큼, 댓글에 거침없이 답했다.

▶ 간판만 바뀌는 것 아닙니까? 앵커와 함께 구체적으로 뭐가 바뀌는 건지 확실히 말해 주세요!

이소정 앵커

▶▶ 앵커가 주요 인물을 불러서 대화하는 코너를 늘리겠다. 앵커가 현장에 직접 나가는 포맷도 고민 중이다.

정연욱 앵커

▶▶ 전 앵커이던 엄경철 기자도 비슷한 주문을 했다. 본인은 보도국장을 겸직해서 실행하지 못했지만, 뉴스 앵커가 사건의 현장으로 들어가는 포맷을 시도해 봤으면 좋겠다고 했다. 이소정 기자는 매일 뉴스를 진행해야 하니, 주말 앵커가 그 역할을 맡아서 뉴스의 현장성을 살리면 좋겠다고도 했다.

현장에서 시청자와 접점을 늘려 그들의 말에 귀를 기울이는 앵커의 모습이 정적인 분위기의 뉴스에 활력을 불어넣을 수 있으리라는 기대가 높았지만, 앵커가 현장을 누비는 일은 일어나지 않았다. 새로운 방식의 뉴스가 시작되기도 전에 코로나19가 퍼졌기 때문이다. KBS는 2020년 1월부터 코로나 뉴스 특보 체제에 돌입했고, 3월부터 '코로나19 통합뉴스룸'을 운용했으며, 앵커의 현장 투입은 사회적 거리 두기 정책에 따라 무기한 연기되었다.

➤ 앵커에게는 어떤 권한이 있나요? 앵커만의 시각과 의견을 드러낼 기회가 있는 건가요?

이소정 앵커

▶▶ 아침과 오후에 하는 편집 회의에 다 들어가고 있다. 회의에서도 제 의견을 내고 있다. '스토리텔러'라고 표현하고 싶은데, 시청자와 기자와 계속 소통하려면 회의에 참석해야 할 것이다.

➤ 소신에 맞지 않는 뉴스를 전달해야 할 때는 어떻게 하실 건지요?

이소정 앵커

▶▶ 아니다 싶은 기사는 편집 회의에서 얘기할 생각이다. 편집회의

에서 걸러지지 않으면 담당 팀장이나 기자와 상의해 기사 출고 여부를 정하게 될 것 같다. 그래서 취재 기자 후배들에게 자주 찾아가 의논하게 될 텐데 너무 싫어하지 않았으면 좋겠다.

기자 사이에는 '앵커 오래 할 생각 하면 망한다'라는 말이 있다. 좌고우면하고 윗선 눈치 많이 보는 사람은 좋은 앵커가 될 수 없다는 뜻이다. 보도국 수뇌부의 생각을 그대로 반영해서 읽기만 한다면 뉴스 앵커를 굳이 기자가 할 필요가 없을 것이다. 앵커는 매일 수십 개의 기사를 소개하는 게 쉽지만은 않지만, 자기 얼굴을 내고 시청자에게 뉴스를 전하는 역할인 만큼 시청자가 앵커에게 그만한 책임감과 식견을 기대하는 것은 당연할 것이다.

- 정확한 보도로 국민이 믿고 보는 KBS 뉴스가 되길 바랍니다. 천천히 가도 정확한 길로 간다면 국민은 기다려 줄 것입니다.

많은 시청자와 앵커가 좋은 뉴스에 대한 고민을 진지하게 오랫동안 해 왔을 터였다. 하지만 시청자 입장에서는 그만큼 오랫동안 뉴스를 보며 답답함을 느꼈을 것이다. 뉴스 소비자의 수준이 높아졌다는 뜻이기도 하다. 기자는 여기에 어떻게 응답할 수 있을까? 기자도 앵커도 좋은 뉴스에 대한 답을 알고'는' 있다. 하지만 이를 실제 뉴스 현장에서 수많은 기자 동료와 수뇌부의 지시와 또 다양한 어른의 사정 속에서 매일 실천해 내는 것은 또 다른 문제다(물론 이건 기자의 사정이지, 시청자가 이해해 줄 사정은 아니다). 그럼에도 매일 시청자에게 얼굴을 보이고 평가받는 앵커 입장에서 〈댓읽기〉에 출연한 의미를 찾을 수 있는 지점은 댓글을 통해 시청자의 목소리를 더욱 날것으로 들을 수 있었다는 것이다.

그래서 엄경철, 이소정, 정연욱 기자는 앵커 역할을 잘했을까? 사람마다 평가는 다르겠지만, 시청자와 소통의 측면에서만큼은 〈댓읽기〉 출연만으로도 어느 정도 평가받을 수 있을 것이다. 앵커가 정기적으로 〈댓읽기〉에 출연해서 한 달, 혹은 한 분기의 KBS 뉴스를 함께 평가하고 반성하는 시간을 가졌다면 어땠을까? 물론 시청자와 구독자의 날선 댓글이나 채팅이 쇄도했겠지만, 그런 시도가 반복되었고 꾸준히 시청자와 소통했다면 KBS 9시 뉴스가 타사 뉴스와 다르다는 인상과 신뢰를 주었을 거다. 앵커 당사자에게는 너무 잔인하고 무리한 요구일지도 모르지만, 이제 대한민국 언론은 그런 대담한 도전 없이는 변하지 않을 정도로 망가졌다는 진단이 곳곳에서 나오고 있다. 국민의 수신료로 운영되는 공영방송이기에 '그런 시도를 충분히 해 볼 수 있지 않았을까?' 하는 아쉬움을 〈댓읽기〉 구성원 모두 깊이 느꼈다.

김 기자 코멘터리

2023년 11월 13일, KBS 9시 뉴스 앵커는 박장범 기자로 교체됐다. KBS 9시 뉴스를 4년 동안 진행해 온 이소정 앵커가 시청자에게 고별 인사도 하지 못했다. 박민 KBS 사장이 부임하고 전격적으로 이뤄진 인사였다. 사내에서도 시청자에 대한 예의가 아니라는 의견이 나왔다. 박장범 앵커는 9시 뉴스를 진행한 첫날 다음과 같이 인사했다.

"시청자 여러분 안녕하십니까? 오늘부터 9시 뉴스를 진행할 박장범입니다. KBS는 객관적이고 균형 잡힌 뉴스를 통해 정확하고 편견 없는 뉴스를 시청자에게 전달하는 것을 공영방송의 가장 중요한 책무로 규정하고 있습니다. 그동안 공영방송의 정체성을 흔들었던 정파성 논란을 극복하고 앞으로 공영성을 최우선 가치로 하는 뉴스 프로그램을 방송해 시청자의 신뢰를 회복하기 위해서 노력하겠습니다. 시청자 여러분도 KBS의 변화를 함께 지켜보시면서 냉철한 비판, 애정 어린 질책을 아낌없이 전해 주시길 바랍니다."

그리고 바로 다음 날인 11월 14일에 KBS 9시 뉴스에서는 바이라인(by-line: 기사에 해당 기사를 작성한 기자의 이름을 넣는 것)도 없는 4분짜리 앵커 출연 기사 보도를 통해서 '보도 공정성 훼손 대표적인 사례들은?'라는 내용을 전했다. 모두 전날 박민 사장이 '대국민 사과 기자회견'에서 지적한 기사 사례다. '검언 유착' 관련 보도, 고 장자연 씨 사건 관련 윤지오 씨 출연 보도, 서울시장 선거 관련 '오세훈 생태 탕 의혹' 보도, 뉴스타파(김만배-신학림 녹취록)를 인용한 보도였다. 이와 관련해 KBS 기자협회가 항의하며 보도 책임자의 사과를 요구하는 성명을 발표할 정도로 사내에서 거센 반발이 있었다(노지민 기자, 「KBS 기자협회 "박민 사장 이틀 만에 뉴스 사유화, 책임자 사과하라"」, 미디어 오늘).

'앵커가 달라지면 뉴스도 달라질까?'가 이소정 기자가 앵커가 되고 출연한 〈댓읽기〉 방송의 제목이다. '과연 앵커가 바뀐다고 KBS 뉴스가 혁신적으로 나아질까?', '시청자가 체감할 만큼 달라질까?'라는 질문을 담은 제목이었다. KBS에 오래 다니다 보니 이제는 그 답을 알 것 같다. 앵커가 달라진다고 KBS 뉴스가 크게 달라지지는 않는다. 그보다 앵커의 모습은 그 시기의 KBS를 반영한다고 보는 편이 더 적절하다.

앵커가 소신 발언을 하거나 논쟁적 이슈를 던진다면 그만큼 KBS 내부 분위기가 자유롭다거나 실험과 도전에 관대하다고 볼 수 있을 것이다. 반대로 앵커의 멘트가 정부 찬양 일색이거나 자기 실수를 덮기에 급급하다면 그 또한 미루어 보도국의 분위기를 짐작할 수 있다. 지금의 KBS 뉴스는 훗날 어떻게 평가받게 될까.

〈댓읽기〉 비하인드

〈댓읽기〉에 위기의 시기는 언제였나요? 이 방송을 오랫동안 이끌 수 있던 원동력은 무엇일까요? 그리고 '다수 기자가 함께하는 라디오 형식→기자 둘의 소규모 방송→기자 한 명의 라이브 형식'으로 방송 형태가 조금씩 달라졌는데, 앞으로 어떻게 바뀔지 궁금합니다.

〈댓읽기〉를 지금까지 진행할 수 있던 원동력은 무엇보다도 구독자의 긍정적인 반응과 그 반응에서 비롯된 확신이었다. 김기화 기자는 지금도 〈댓읽기〉 초기 콘셉트와 구성이 경쟁력 있다고 생각한다. 언론사에서 보도한 기사에 대한 댓글을 모아서 해당 취재 기자에게 그 댓글을 읽어주며, 해당 기자에게 취재 후기와 궁금한 점을 묻는 과정에서 기자가 잘한 점은 칭찬하고 잘못한 점은 반성하며 시청자와 소통할 기회를 마련한 콘셉트였다. 이러한 콘셉트를 바탕으로 고정으로 출연하는 기자 세 명과 진행을 담당한 기자 한 명이 나와서, 자기 경험에 비추어 기사에 대해 더욱 깊이 있는 이야기를 풀어 갈 수 있었다.

하지만 이런 방송 포맷은 오래 진행되지 못했다. 홍성희 기자가 〈댓읽기〉를 나가게 됐고, 강병수 기자도, 옥유정 기자도 나갔다. 정연욱 기자도 방송하기 힘든 상황에 놓였다. 〈댓읽기〉는 기본적으로 회사 간부들의 협조 혹은 묵인이 있어야만 운용이 가능한 구조의 방송이다. 부장과 팀장이 자기 부서의 팀원이나 부원이 업무 외적으로 유튜브에 출연하는 걸 허락해야만 방송이 가능했다. 〈댓읽기〉 출연으로 주 52시간 근무제에서 퇴근이 늦어진다면, 해당 팀원이나 부원인 기자는 그만큼 정작 부서에서 필요할 때 일을 못 하게 될 수도 있다. 부장이나 팀장은 팀원이나 부원이 〈댓읽기〉에서 무슨 말을 어떻게 할지 알 수 없기 때문에 불안해할 수도 있다. 〈댓읽기〉 구성원은 이런 간부 기자 선배들의 마음을 알고, 지금까지의 협조와 묵인에 진심으로 감사해 왔다.

그러나 협조와 묵인이 불가능한 상황도 생겼다. 정치부나 대외협력실 등 정치적으로 민감한 부서에 발령된 기자는 〈댓읽기〉에서 활동하기 곤란해진다. 〈댓읽기〉채널과 방송을 기획한 김기화 기자는 동료가 한 명씩 방송에 출연하지 못하게 되고, 나갈 때마다 마음이 힘들었지만 그동안 함께해 준 데 대한 고마움이 더 컸다. 멤버가 줄어든 데 대한 부담감보다는 이를 '구독자에게 어떻게 설명해야 할까?', '콘텐츠의 볼륨이 얇아질 텐데, 이를 어떻게 보충해야 할까?' 등이 걱정이었다. 김 기자는 새로운 구성원 영입도 이리저리 알아보았지만 모두 불발되었다.

그는 구성원이 줄어드는 데서 오는 스트레스보다 본격적으로 KBS 자사를 비판해야 할 때가 가장 힘들었고, 운영의 위기라고 느꼈다. 김 기자는 회사 내부에서 '내부 총질해서 인기 얻으려는 배신자' 취급을 받기 일쑤였다. '너는 동료에 대한 인간적인 예의도 없냐?'라는 선배 기자의 질책을 받기도 했다. 출연 기자들의 곤란한 표정과 섭외 대상의 냉담한 반응을 대할 때면 정말 힘이 쭉 빠졌다. 결국 생각했던 섭외가 불발되거나 자사 비판 멘트를 제대로 하지 못할 때면 깊은 회의감이 들기도 했는데, 더 걱정되던 것은 구독자의 반응이었다. 〈댓읽기〉 유튜브 댓글 창에는 '결국 너희 그것밖에 못하지?', '그럴 줄 알았다', '구독 취소한다', '이럴 거면 〈댓읽기〉 왜 하냐?', '너희도 똑같다' 등의 비난 댓글이 쇄도하기도 했다(이런 비난 댓글이 6천 개가 넘게 달린 영상도 있다). 김 기자에게는 이런 위기 모두가 하나의 거대한 파도처럼 보일 때가 있었다.

사실 KBS 보도국과 대중 사이에 갈등이 폭발했던 시기야말로 〈댓읽기〉의 본래 기획 취지와 부합하는 순간이자, 이 방송의 존재 이유를 증명해야만 하는 계기였다고 할 수 있다. 하지만 어떤 사안은 〈댓읽기〉가 감당할 수 없을 만큼 크고 복잡했다. 이에 사과 영상을 올리고, 〈댓읽기〉 기자들의 소소한 입장과 생각을 나누는 방송도 했지만 KBS 보도국도, 구독자도, 〈댓읽기〉 구성원도 만족할 수 없는 상황에 놓이곤 했다. 김기화 기자는 위기의 순간에 미안함과 슬픔을 가장 많이 느꼈다. 구독자에게 속 시원히 말해 주지도 못하고 주눅 들어 있는 모습만 보이게 되어 미안했다. 회사 동료들이 당사자도 아닌 김기화 기자가 '반성한다', '죄송하다'라고 구독자에게 무슨 자격으로 말하는 건지 이해할 수 없다는 데 미안했고, 공감했다. 김 기자는 스스로 이런 상황에 제대로 대처하지 못하는 부족한 사람이라는 점이 정말 슬펐다.

그렇다면 이런 한계가 있으니 〈댓읽기〉는 문을 닫아야 마땅할까? 그렇지 않다. 이런 상황이 자주 생기는 KBS와 같은 공영방송에서 오히려 〈댓읽기〉 같은 프로그램이 더 공식적으로 제대로 운영되어야 한다는 것이 김 기자의 생각이다. 젊은 기자들의 자발적인 해적 방송의 형식이 아니라, 사장이나 본부장이 공식적으로 지시하여 힘을 실어 주는 방송으로 공식화해야 한다.

김 기자는 그동안 겪었던 위기를 통해 〈댓읽기〉에서 강조하는 소통 방송이 너무도 필요하다고 더욱 깊이 생각하게 되었다. 〈댓읽기〉의 위기는 KBS가 시청자에 대해 기자들의 솔직한 반성과 자세한 설명과 귀여운 변명으로 가득한 솔직한 언론사가 되어야 한다고 확신하게 된 계기가 되었다.

이 책을 쓰는 중에 〈댓읽기〉는 김기화 기자 외에 다른 취재 기자의 출연 없이 김 기자 혼자 진행하게 되었다. 1인 라이브 체제가 어쩌면 시대의 흐름에 맞는 미디어 방식이라고 할 수도 있지만, 이러한 포맷이 어쩔 수 없는 선택이었다는 점이 김 기자는 안타까웠다. 그리고 2023년의 마지막 날, 이마저도 이어 갈 수 없는 상황에 놓이게 되면서 〈댓읽기〉는 당분간 제작이 중단됐다. 얼마든지 아쉬울 수 있는 상황이다. 하지만 '중요한 건 꺾이지 않는 마음'이라고 했던가? 이번 위기를 계기로 또 새로운 포맷과 환경에서 도전해 본다면, 나중에 이 위기가 좋은 자양분이 됐다고 웃으며 이야기할 날이 올 것이다.

PART 3

실험과 소통

논술 강사 출신 기자가 본 대통령 연설문

▶ 이 콘텐츠 너무 좋은데요.ㅋㅋㅋㅋㅋㅋㅋㅋㅋㅋ

대한민국에서 가장 공들여 써야 하는 글이 있다면 무엇일까? 다양한 후보가 있겠지만, 그중에서도 가려 뽑는다면? '대통령 연설문'이 아닐까? 대통령 연설문은 대한민국을 대표하는 사람이 특정 사안에 대해 어떻게 인식하는지, 그 인식을 바탕으로 어떤 계획을 세우고 있는지, 그 계획을 실현할 의지가 충분히 있는지를 알 수 있는 글이기 때문에 그 중요도가 여타의 글을 앞선다고 할 수 있다. 이른바 '바이든 날리면' 사건처럼 즉흥적으로 튀어나오는 대통령의 생각이 아니라, 연설 비서관과 대통령 스스로 퇴고하며 정제된 글이기에 그 의미와 무게감은 여느 글에 비할 바가 아니다.

그처럼 중요도가 높은 대통령 연설문인데, 윤석열 대통령의 8·15 경축사는 정말이지 놀라웠다. 〈댓읽기〉의 김기화 기자는 기자가 되기 직전까지 학원에서 논술 강사로 일했다. 전직 논술 강사인 김 기자가 보기에 해당 경축사는 글의 형식적인 측면부터 대통령의 글이라고 보기에는 부족한 부분도 많고, 문제도 많았다. 정연욱 기자는 연설문의 내용적 측면에 대해서도 의구심을 품었다. 마침 8·15 경축사에 대한 다양한 보도가 나오는 상황에서 왕년의 〈댓읽기〉에서는 대통령의 연설문을 '첨삭'해 보는 시간을 가졌다.

> 글이 펑퍼짐하다는 데 완전 공감합니다. 단어 몇 개만 바꾸면 5년 내내 모든 경축사 돌려막기 가능할 거 같아요. ㅋㅋ

> 논술 첨삭 시간 비정기적 코너로 진행해 주세요. 넘 재미있네요, 진짜. ㅋㅋㅋ

김기화 기자가 대통령 연설문에 대한 첨삭 관련 〈댓읽기〉 방송 때, 가장 신경 쓴 부분은 정치적 견해를 배제하는 것이었다. 이런 콘텐츠일수록 건조하게 글만 놓고 평가하고 비판해야 더욱 설득력 있기 마련이다. 글 자체로만 봐도 이야깃거리가 충분했다. 윤 대통령의 연설문은 다음과 같이 출발부터 불안했기 때문이다.

"일제강점기 시절 독립운동은 3·1 독립선언과 상해 임시정부 헌장 그리고 매헌 윤봉길 선생의 독립 정신에서 보는 바와 같이 국민이 주인인 민주공화국, 자유와 인권, 법치가 존중되는 나라를 세우기 위한 것이었습니다. 자유와 인권이 무시되는 전체주의 국가를 세우기 위한 독립운동은 결코 아니었습니다('제78주년 광복절 경축식 대통령 축사' 중)."

독립운동은 길게 보자면 민주공화국을 세우기 위한 과정으로 볼 수도 있지만, 그 용어에서도 직관적으로 알 수 있듯이 일본 제국주의로부터 독립하는 게 근본 의미다. 독립 후에 어떤 나라를 세울지에 대해서는 당시 의견이 다양했다. 그럼에도 일본으로부터 독립하기 위해 좌익과 우익, 국내외 조선인이 모든 노력을 모아서 경주하던 게 독립운동이다. 따라서 해당 문장에는 팩트 오류와 논리적 비약이 함께한 셈인데, 그 비약의 의도는 다음 문장에서 명확해진다.

'자유와 인권이 무시되는 전체주의 국가'라는 표현은 북한을 지칭한 것으로 보이는데, 북한의 국가적 정통성을 부인하는 선언으로 광복절 연설을 시작한 셈이다. 전형적인 '급발진' 문장이다. 당시 좌익 운동은 독립운동이 아니라는 역사학계가 뒤집어질 만한 주장은 차치하더라도, 북한을 부정하는 언급을 하며 독립운동에 꿰맞추다 보니 논리적 비약이 진행된 것이기 때문이다.

이런 비약 뒤에는 이를 부연하는 보조 문장이 뒤따라야 강한 주장('자유와 인권이 무시되는 전체주의 국가를 세우기 위한 독립운동은 결코 아니었다')에 대한 설득이 수반된다. '결코'라는 표현을 쓸 정도로 강한 주장에는 이를 뒷받침할 만한 근거가 충분히 제시돼야 마땅하다(뒤에 근거만 충분하다면 '결코' 같은 강한 표현은 없는 편이 낫고 필요하지도 않다. 탄탄한 근거로 부드럽게 주장하는 편이 더 세련되고 설득적이기 때문이다). 다음과 같이 독립운동에 대한 내용이 계속된다.

"일제강점기 시절 순국선열과 애국지사를 비롯하여 모든 국민이 함께 힘써 온 독립운동은 1945년 바로 오늘, 광복의 결실을 이뤄 냈습니다. 그러나 독립운동은 거기서 끝난 것이 아닙니다. 그 이후 공산 세력에 맞서 자유국가를 건국하는 과정, 자유민주주의의 토대인 경제 성장과 산업화를 이루는 과정, 그리고 이를 바탕으로 민주주의를 발전시켜 온 과정을 통해 계속되어 왔고 현재도 진행 중인 것입니다('제78주년 광복절 경축식 대통령 축사' 중)."

연설문에서 독립운동이 끝난 게 아니라는 주장을 펼친다. 청중의 호기심을 불러일으키기 위한 일종의 충격 요법이다. 그러나 '우리의 독립운동은 아직 끝나지 않았다. 왜냐하면 아직 위안부와 강제 동원 문제가 해결되지 않았기 때문이다'라고 하거나, '우리 문화 내부에 일제 잔재를 청산하지 않았기 때문이다' 아니면 '친일파 재산 환수가 다 이뤄지지 않았기 때문에' 아직 우리의 독립운동은 현재진행형이라고 이어졌다면 신선하지는 않아도 논리적으로 연결되기는 했을 것이다.

그런데 윤석열 대통령은 반공과 경제 성장, 민주주의가 독립운동의 연장선이라는 다소 엉뚱한 주장을 펼친다. 오히려 독립운동과 공산주의에는 교집합이 있는데 말이다. 일본 제국주의로부터 독립하자는 대의 아래 국내외에서 다양한 방식의 독립운동이 전개되었고, 1919년 3·1운동 이후 독립운동 진영은 민족주의 운동, 사회주의 운동, 아나키스트 운동으로 갈라지며 각자 신념과 그에 따른 다양한 방법으로 조국의 독립을 위해 싸웠다. 이러한 사실은 고등학교 국사 교과서에 나오는 내용으로 '상식'이라고 봐도 무방하다.

'경제 성장과 산업화'는 독립운동과 상관도 없거니와 조금만 생각해 보면 '산업화의 주역'이라 추앙받는 박정희 전 대통령을 비롯한 당시 정·재계 인물이 대거 친일 인명사전에 실린 부끄러운 역사를 다시 들추는 셈이다. 민주주의를 발전시키는 과정에 대해서는 '민주화운동'이라는 명칭이 있고, 이 운동이야말로 반공과 산업화라는 가치와 간섭·갈등이 있는 복합적인 개념이다. 단어 선정부터 논리 전개까지 국민을 대상으로 한 글에 무성의함이 보인다. 반공·경제 발전·산업화·민주주의가 독립운동의 연장선이라고 말하면 듣는 이가 이해할 것이라고 안일하게 생각한 것일까? 바로 다음 문장에서 만주에서 벌어진 항일무장투쟁과 이를 몰래 지원한 분들을 언급하며 가슴이 뭉클하고 벅차오른다는 내용이 등장한다.

"조국의 미래가 보이지 않던 캄캄한 일제강점기에 자신의 목숨을 초개와 같이 버리며 국내외에서 무장투쟁을 전개하신 분들, 또 노블레스 오블리주를 실천하면서 무장 독립운동가를 길러 내신 분들을 생각하면 지금도 가슴이 뭉클하고 벅차오릅니다('제78주년 광복절 경축식 대통령 축사' 중)."

항일무장투쟁을 지원한 이의 상당수가 사회주의자, 이른바 '좌익'이었고, 북한 건국에 몸담았다는 것을 모르는 걸까? 바로 앞의 내용과 해당 내용이 배치된다는 것도 모르는 것일까? 그리고 바로 다음 내용에서는 각종 논술에서 쓰지 말아야 하는 잘못된 논리 전개로 지적되는 글이 등장한다.

"자유민주주의 국가를 건설할 민족 역량을 키워 내기 위해 국내외에서 교육과 문화 사업에 매진하신 분들, 공산 침략에 맞서 자유민주주의를 지키기 위해 싸우신 분들, 진정한 자유의 경제적 토대를 만들기 위해 땀 흘리신 산업의 역군과 지도자들, 제도적 민주주의를 정착시키기 위해 희생과 헌신을 해오신 분들이 자유와 번영의 대한민국을 만든 위대한 독립운동가라는 점도 우리는 잊지 말아야 할 것입니다('제78주년 광복절 경축식 대통령 축사' 중)."

국내외 교육자, 한국전쟁 참전 군인, 재벌과 노동자와 대통령까지 전부 위대한 독립운동가라는 식의 주장은 설사 의도가 긍정적이더라도 읽는 이로 하여금 고개를 갸우뚱하게 하는 논리적 비약이다. 글의 앞부분에서 콘셉트를 과도하게 잡고(독립운동은 끝난 게 아니라고) 이를 억지로 잇다 보면 이런 구멍이 생기기 쉽다. 더불어 '잊지 말아야 할 것'이라며 비장하게 끝맺는 과도한 표현이 글을 더욱 가볍게 한다.

독립운동의 외연을 무리하게 확장하여 교육자부터 군인, 재벌까지 독립운동가로 엮는 '광의'의 독립운동을 주장하면서 실제로 독립운동을 한 좌익 인사들은 독립운동가가 아니라고 준엄하게 도려내는 연설문은 마치 게리맨더링(Gerrymandering: 특정 정당이나 특정 후보에게 유리하도록 부당하고 기형적으로 선거구를 획정하는 것)을 연상케 한다. 게리맨더링으로 만들어진 지역구의 모양처럼 기형적이고 설득력이 떨어지는 글이다.

이후 이어지는 "우리의 독립운동 정신인 자유는 평화를 만들어 내고, 평화는 자유를 지켜 줍니다."라는 문장이나(자유가 평화를 지켜 준다는 주장, 또 평화가 자유를 지켜 준다는 주장은 일견 그럴싸해 보이지만 학계에서는 계속 논쟁 중인 사안이다. 그만큼 반례도 많고 연구도 이어지고 있다. 선언적으로 단정할 내용이 아니다) "한반도와 동북아의 평화는 세계 평화의 중요한 전제이고 우리와 세계 시민의 자유를 지키고 확대하는 기초가 됩니다." 라는 당연한 말을 굳이 왜 했는지는, 이어지는 문장에서 그 의도를 확인할 수 있다. 결국 "북한의 비핵화는 한반도와 동북아, 그리고 전 세계의 지속 가능한 평화에 필수적인 것입니다."라고 북한의 비핵화 얘기를 8·15 광복절 경축사에 담기 위한 논리적 무리수를 이어 온 것이다.

많은 취업 준비생이 자기소개서를 쓸 때 저지르는 실수가 '무리수'로부터 비롯된다. 특정 회사에 들어가고 싶은 나머지, 자기 삶이 전부 그 회사에 들어가기 위한 준비 과정이던 것처럼 억지로 꿰맞추어 우스꽝스러운 자기소개서를 쓰는 것이다. 윤석열 대통령의 8·15 광복절 경축사는 그 전형을 잘 보여준다. 수많은 독립운동가의 노력과 희생에 감사하고 그들을 기리며 그 결실인 광복을 축하하는 자리에서 북한의 비핵화를 언급하려니 첫 문단부터 무리한 빌드업이 이어지게 됐다.

'독립운동의 정신은 자유다 → 자유가 평화를 만든다 → 동북아 평화가 세계 평화를 담보한다 → 따라서 세계 평화를 위해서 동북아 평화를 지켜야 하고, 이를 위해서는 북한을 비핵화해야 한다'라는 게 윤석열 대통령의 8·15 경축사의 흐름이다. 이어서 북한이 핵 개발을 중단하고 비핵화로 전환한다면 북한의 경제를 개선할 수 있는 구상을 다음과 같이 제안한다.

"저는 북한이 핵 개발을 중단하고 실질적인 비핵화로 전환

한다면 그 단계에 맞춰 북한의 경제와 민생을 획기적으로 개선할 수 있는 담대한 구상을 지금 이 자리에서 제안합니다. 북한에 대한 대규모 식량 공급 프로그램, 발전과 송배전 인프라 지원, 국제 교역을 위한 항만과 공항의 현대화 프로젝트, 그리고 북한 농업 생산성 제고를 위한 기술 지원 프로그램, 병원과 의료 인프라의 현대화 지원, 국제 투자 및 금융 지원 프로그램을 실시하겠습니다('제78주년 광복절 경축식 대통령 축사' 중)."

➢ '비핵화를 제안해서 수용하면 경제 협력?' 이런 것을 제시하지 않은 정부도 있었냐? 참 담대하다, 담대해. 하나 마나 한 이야기다!

해당 선언은 이명박 정부의 '비핵 개방 3000' 구상과 다를 바 없다거나, 담대한 제안의 전제 조건인 '실질적 비핵화'로 가는 과정이 핵심적인 문제인데 이에 대한 구상은 없다는 비판과는 별개로, 특정 메시지를 전달하기 위해 독립운동 정신을 의도적으로 오독하고 남용한 것이다(그것도 광복절 경축사에서!).

대통령의 글에는 품격이 있어야 한다. 대통령은 국민을, 또 그 나라를 대표하는 사람이기 때문이다. 그런 인물에게 우리가 기대하는 기본 소양이 품격이라는 건 너무도 당연하다. 글에서 품격을 지키는 기본적인 방법은 글 자체를 논리적으로 완결성 있게 쓰는 것이다. 정치적 주장이나 현안에 대한 해법이야 사람마다 의견이 다르고, 정파마다 입장이 다르겠지만, 논리적 완결성은 글의 기본 중 기본이다.

용산 대통령실은 명실상부 국내 최고 전문가가 모인 곳이다. 그런 곳에서 국민을 상대로 생산되는 글이라면 모두 동의하는 내용은 아닐지라도 최소한 일반적인 품격은 지킨 것이어야 한다. 앞으로 윤석열 대통령의 연설문이 더 나아지기를, 그래서 많은 국민에게 공감과 위로와 이해 그리고 감동을 주길 기대한다.

김 기자 코멘터리

글은 내놓기 전에 숙고할 수 있다. 구성하고 자료를 참고하고 오류를 수정하고 다듬을 수 있다. 그래서 그렇게 쓴 글에서는 글쓴이의 성품과 품격이 드러난다. 나라를 대표하는 인물인 대통령은 그 나라의 품격을 대변한다고도 볼 수 있다. 그의 글, 그의 연설문은 대한민국의 품격을 보여 주는 하나의 지표일 수 있다. 〈댓읽기〉가 대통령의 연설문에 주목한 이유다.

이 콘텐츠를 준비하면서 가장 신경 쓴 부분은 그 어떠한 정치적 호불호나 견해를 개입시키지 않고 그저 글 자체만을 보도록 노력하는 것이었다. 정치적 견해가 개입될수록 콘텐츠의 긴장감과 힘이 떨어질 것이라고 봤다. '그러면 방송 분량이 부족하지 않을까?' 하는 걱정도 했지만 웬걸, 지적할 부분이 넘쳐 났기에 연설문 하나로 30분은 뚝딱이었다. KBS에 입사하기 전에 석사 논문을 써 본 경험과 중고등학생에게 논술을 가르친 경력, 기자 생활을 하며 훈련된 글쓰기가 해당 영상 콘텐츠 제작에 큰 도움이 되었다.

윤 대통령의 8·15 경축사에서는 논리적 비약, 내용의 빈약함을 지적하기에 앞서서 비문이나 오탈자도 수차례 발견됐다. 대통령이라는 자리가 워낙 많은 연설을 할 수밖에 없는 위치라 모두 신경을 쓸 수 없다고 해도, 취임사나 8·15 경축사처럼 중요한 자리에서 내놓는 연설문만큼은 이런 문제가 발생하면 안 될 텐데, 대통령의 8·15 경축사에서는 정말 많은 문제가 발견되었다.

처음부터 대통령의 글을 다룰 생각은 아니었다. 애초 '똥글 of the week'라는 제목으로 그 주에 가장 문제가 많은 글(신문 칼럼이나 사설, SNS 글 등)을 골라서 첨삭하는 영상 콘텐츠를 진행하려고 했다. 하지만 안 그래도 〈댓읽기〉가 언론계에서 미움받는 마당에 감당할 수 없을 만큼의 적을 더 만들지는 않을까 하는 우려에 시작하지 못한 콘텐츠였다. 그러다 우연히 접한 대통령 연설문에서 고개가 갸웃해지는 문구가 여럿 등장했고 한번 분석해 보기로 마음먹었다. 대통령과 연설 비서관은 '국민의 세금으로 글을 쓰고 국민을 위해 연설하는 분들이니 이 같은 지적도 겸허하게 받아들이지 않을까?' 하는 생각에 용기를 냈다.

기자와 구독자가 함께 쏟은 눈물

- 영상을 몇 번이나 보며 얼마나 울었는지 몰라요. 그래도 이렇게 함께 공유할 수 있는 감정을 드러내 준 김기화 기자에게 정말 감사해요.

- 함께 슬퍼하고 애도할 수 있는 〈댓읽기〉라는 따뜻한 공간을 열어 줘서 감사합니다.

김기화 기자는 2022년 10월 28일 금요일 저녁, 모처럼 사회적 거리 두기가 해제된 후의 핼러윈 축제를 즐기러(또는 즐기는 이들을 보고 싶어), 이태원 세계음식거리와 해밀톤 호텔 뒷골목을 찾았다. 거리는 '저 차림으로 어떻게 여기까지 왔을까?' 싶은 코스프레부터, 즉석에서 흉터나 핏자국 메이크업을 받아서 핼러윈 축제를 즐기려는 사람으로 북적였다. 방송국

카메라까지 출동해 행사 분위기를 돋우고 있었다. 그런데 메인 거리로 들어서자 인파에 밀려 의지와는 상관없이 몸이 움직이게 되었다. 숨 쉬기 불편할 정도로 사람이 몰리기도 했다. 김 기자는 핼러윈 축제가 처음이라는 동행인에게 위험할 것 같으니, 다음에 오자고 양해를 구하고 해밀톤 호텔 옆 골목으로 빠져나왔다.

2022년 10월 29일 토요일 저녁에 식사를 마치고 집에서 쉬고 있던 김 기자의 휴대폰이 마구 울리기 시작했다. 기자들이 모여 있는 단체 채팅방에는 '이태원 현장 영상'과 '이태원 사고 관련 받은 글'이 올라오기 시작했다. 잠시 뒤에는 기자가 아닌 지인들로부터 '이 영상 진짜냐?'라고 묻는 메시지까지 쇄도했다. 그중 하나를 클릭했다. 어제 지인과 함께 빠져나온 바로 그 골목 여기저기에 사람들이 누워 심폐소생술을 받고 있었다. 심정지가 10명이 넘을 것이라는 소식을 듣고 너무 놀랐는데, 잠시 뒤 기자들 사이에서는 사망자가 50명이 넘을 수도 있다는 '받은 글'이 돌았다. 주로 현장에 도착한 기자들이 취재해서 보고한 내용이었는데, 서울 한복판 골목에서 압사 사고 사망자가 50명이 넘는다니, 기자들도 못 믿겠다는 분위기였다.

KBS는 29일 밤 12시부터 뉴스 특보를 시작했고, 김 기자는 참담한 마음으로 믿을 수 없다고 생각하며 방송을 지켜봤다. 늘어 가는 사망자 수에 경악했고, 도무지 이해되지 않는 사고 경위에 세월호 참사의 악몽이 떠올랐다. 팩트 확인도 없이 성급하게 속보를 내 전 국민을 절망케 하고, 입에 담기도 끔찍한 표현을 자막으로 내보내 실종자 가족의 마음을 찢어 놓았던 KBS 뉴스 보도 참사가 상기됐다. 김 기자는 '이번에는 제발 KBS가 방송 사고를 치지 않았으면' 하고 생각하며, 여전한 불안을 가득 안고 새벽까지 뉴스를 보다 잠들었다.

2022년 10월 30일 일요일 아침 6시에 보도국장으로부터 전화가 왔다. 전날 밤부터 계속 뉴스에 출연한 기자에 이어서 뉴스 특보 방송에 출연해 달라는 요청이었다. 생각할 겨를도 없었다. 오전 6시 30분에 회사에 도착했고, 원고를 쓰고, 오전 8시부터 뉴스에 투입되었다. 〈댓읽기〉 출연 기자 모두 취재 현장과 뉴스 스튜디오에 투입되어 앵커에 정연욱 기자, 출연에 김기화 기자, 현장 연결에 〈댓읽기〉 작가 출신의 정해주 기자 이렇게 〈댓읽기〉 구성원이 동시에 방송을 함께하기도 했다. 평소 같으면 편하게 웃으며 가깝게 지내는 동료들이지만, 이들 모두 극도의 긴장과 참사의 비통함을 느끼고 있을 뿐이었다. 뉴스 특보가 진행됨에 따라 사망자 숫자도 하나둘 늘어 갔다. 원고에 숫자를 고쳐 쓰고 읽었다. 누군가에게는 소중한 가족이, 하나의 우주가 사라진 것이 한두 개의 숫자로 표현됐다. 사망자는 150명을 넘었다.

밤 12시 마감 뉴스를 끝으로 18시간의 근무를 마치고 퇴근

했다. '이번 주 〈댓읽기〉는 어떤 아이템으로 방송할 수 있을까? 이 거대한 참상에 대해 기자가 무슨 말을 얹을 수 있을까? 그럴 자격이 있는 걸까? 세월호 때 그렇게 반성하고, 다짐하고, 다시는 이런 일이 일어나지 않게 언론도 노력하겠다고 했는데.' 김 기자는 떠오르는 질문들 앞에 어떤 답도 생각나지 않았다.

월요일이 되자 기다렸다는 듯이 정치권이 들끓었다. 어떻게든 책임을 회피하려는 용산구청장부터 행정안전부 장관까지 관료들과 대통령, 이들을 엄호하려는 여당, 정부 책임을 물으려는 야당까지 그야말로 말잔치가 벌어졌다. 언론은 언제나처럼 기사 클릭 수와 조회 수에 목을 맸고, K-언론의 추한 모습은 입에 담기조차 끔찍한 제목부터 정치적 의도가 다분한 기사와 칼럼에까지 여과 없이 드러났다. 성숙한 언론 보도를 지향하려는 몇몇 언론사의 노력이 무색하게 이 거대한 참사와 거대한 분노를 일단 피하고 보자는 노력이었다. 이 분노가 정적에게로 향하게 하려는 노력이기도 했다. 이 판국에서도 선정적이고 폭력적인 제목으로 클릭 수 부스러기를 챙기려는 일부 언론의 행태는 그 자체로 또 다른 참사였다.

김 기화 기자는 〈댓읽기〉를 시작하고 한 번도 하지 않은 생각이 들었다. 방송하기가 싫었다. 누구를 비판하기도 싫었고, 누구 잘못을 들춰내고 싶지도 않았다. 잘하겠다는 다짐도 우습게 들릴 것 같았고, 기자가 언론의 잘못을 지적하는 것도 꼴불견일 것 같았다. 무력감에 젖었다. 아무리 해도 세상은 바뀌는 게 하나도 없구나 싶었다. 서로 책임을 미루는 정치인을 보며 '저 중에서 진심으로 애도하는 사람은 몇이나 될까?' 하는 의심마저 들었다. 꼴 보기 싫었고, 할 말도 없었다. 구독자에게 할 말이 생각나지 않았다. 방송에 부를 기자도 없었다. 김 기자는 채널 커뮤니티에 휴방 공지를 올렸다.

"〈댓글 읽어주는 기자들〉 구독자 여러분, 김기화 기자입니다. 이태원 참사로 많은 분이 충격받고, 애도하는 마음일 것이라고 생각합니다. 현재 저를 포함한 〈댓읽기〉 제작진은 모든 일정을 중단하고 이태원 참사 관련 취재 및 보도, 출연에 투입되었습니다. 이로 인해 이번 주 〈댓읽기〉와 〈책읽기〉 녹화 및 업로드가 불가능하게 됐습니다. 향후 일정은 상황이 수습되는 대로 다시 공지해 드리겠습니다. 구독자 여러분의 양해를 부탁드립니다. 이번 참사로 세상을 떠나신 피해자분들의 명복을 빕니다."

휴방 공지문에는 휴방의 취지를 이해한다는 내용의 댓글이 연이어 달렸다.

➤ 아침에 TV에서 김기화 기자 얼굴을 보았지만, 반가워할 수가 없었습니다. 좋은 취재 부탁드립니다.

▶ 아침부터 <댓읽기> 기자님들 방송에 투입된 거 보고, <댓읽기> 영상 업로드가 힘들 거라고 생각했어요. 신경 쓰지 마시고 취재에 힘써 주세요.

대댓글 **댓글 읽어주는 기자들**

▶▶ 함께 추모하고 서로 위로합시다. 그런데 꼭 해야 하는 이야기가 생각났어요.

한덕수 국무총리가 웃었다. 2022년 11월 2일 외신 기자와의 간담회에서 한 외신 기자가 "한국 정부 책임의 시작과 끝은 뭐냐?"라고 질문한 후에 통신 오류로 통역이 제대로 전달되지 않는 문제가 생기자, 한 국무총리는 "이렇게 잘 안 들리는 것에 책임져야 할 사람의 처음과 마지막은 뭔가요?"라며 빙글빙글 웃었다. 그는 한 일본 기자가 "10만 명이 모이는 행사에는 경찰을 얼마나 배치해야 한다고 보느냐?"라는 질문에는 "레드 삭스와 양키스의 월드 시리즈였다면 경찰이 많이 동원됐을 것"이라고 답했다.

김 기자는 해당 영상을 믿지 않았다. 합성인 줄 알았다. 가짜 뉴스인 줄 알았다. 믿어지지 않았다. '공개 석상에서 총리가 대형 참사를 두고 농담한다고?' 당시에도 이후에도 온라인상에는 보란 듯이 참사를 조롱하고 피해자를 비하하는 글이 넘쳐 났다. '국무총리가 참사에 대해 저렇게 가볍게 웃는 태도가 결국 사회 전체에 이태원 참사를 유머 소재로 삼아도 된다고 암묵적으로 허락해 준 셈 아닌가? 가만히 있으면 그래도 되는 줄 알고 더 할 것 아닌가? 저런 태도에 놀라고 상처받는 사람들은 어쩌란 말인가?'라고 생각했다. '침묵은 애도가 아닙니다'라고 적은 구독자의 댓글이 생각났다.

김 기자는 당일 저녁에 이태원 참사 관련 〈댓읽기〉 라이브 방송을 하기로 했다. 그러나 이태원 참사 취재 경위를 설명하려는데, 말이 나오지 않았다. 그는 방송을 시작한 지 10분이 경과하도록 울먹이며 '죄송합니다'라는 말만 반복했다. 김 기자는 이태원 참사 희생자에게 죄송했고, 유가족에게 죄송했다. 열심히 일하는 기자들에게도 미안했다. 세월호 희생자와 유가족도 떠올랐다. 그가 진정되기까지는 시간이 걸렸다.

김 기자는 KBS 근조 리본 논란부터 이상민 행정안전부 장관 발언, 행정안전부 브리핑, 윤석열 대통령 발언, 용산구청장 발언, 경찰 대응, 경찰 내부 문건, 한덕수 국무총리의 웃음까지 혹여 너무 감정적으로 비칠까, 아니면 정부 비판 일변도로 치우치지는 않을까 조심하며 상식선에서 문제점 위주로 말하려고 노력했다. 얘기하다 보니 생각보다 할 말이 많았고, 찾아주는 시청자도 많았다(동시 시청자가 2천2백 명이 넘었다). 방송을 보며 위로받았다는 댓글이 대부분이었다. 거대한 슬픔과 분노를 마주한 상황에서 서로 위로하고 함께 고민해 볼 공간이 모두에게 필요했던 것이다.

> ▶ 슬퍼하며 눈물 흘려 주는 방송은 처음 보네요. 〈댓읽기〉 라이브 방송 보며 위로받았어요.

KBS 사내에서는 해당 〈댓읽기〉 방송에 대해서 비판이 있었다. 기자가 방송하다가 눈물을 흘리다니, 너무 감정적이었다고 했다. 결국 정부를 비판하려는 의도가 아니었느냐고도 했다. 언론 본연의 태도가 아니라고 했다. 김 기자는 의문이 들었다. '언론의 역할은 무엇인데? 언론이 하면 안 되는 일은 무엇인가? 공감과 사안 정리, 설명으로 대중을 위로하는 것은 언론이 하면 안 되는 일인가? 왜 안 되는 일인가?'

김 기자는 그날 방송에 대해 스스로 많이 복기했다. 정답을 찾기 어려운 시대, 〈댓읽기〉는 구독자의 반응을 정답으로 받아들이기로 했다. 라이브 방송 말미에는 봉하 광산 매몰 광부들의 소식도 전했다. 구조하기 위해 구멍을 뚫었지만, 엉뚱한 곳을 뚫어서 골든 타임을 허비했다는 내용이었다. 이태원 참사에 가려져서 대대적으로 보도되지 않았던 사고에 대해 구독자의 관심을 얻어 내고 함께 무사 귀환을 기원하려는 의도였다. 김 기자는 라이브 방송 당시 (비관적인 기사들만 접하다 보니) 광부들이 살아 돌아올 수 있을 거라고 확신하지 못했다. 채팅창 반응도 절망적이긴 마찬가지였다. 그런데 방송이 나간 지 이틀 뒤인 광부들이 매몰된 지 9일 만에 그들의 생환을 확인할 수 있었다. 김 기자는 광부들의 생환 소식에 기뻤고, 그 소식을 접하고 가장 먼저 '죄송하다'라고 생각했다. 현장에서 뜬눈으로 밤을 지새웠을 가족과 동료 광부들 그리고 구조대원들의 노력에 비해 〈댓읽기〉의 절망은 너무 일렀다. 또다시 유족의 오열을 배경으로 익숙한 '초기 대응 부실 지적', '근본적 대책 촉구', '관련자 소환 조사' 같은 기사를 준비하고 있었다.

참사가 발생할 거라 상상도 못 한 이태원 거리에서의 대규모 사망 소식과 무너진 광산에서 살아 돌아오지 못할 거라고 생각하던 광부들의 생환 소식. 어찌 보면 정반대의 내용을 담은 기사 두 편이 함께 송출되는 9시 뉴스에서 김 기자는 섬찟함마저 느꼈다. 현실에서의 사건·사고는 일반적인 예상이나 상황을 고려해 가며 발생하지 않는다. 기자는 다만 끝까지, 마지막 가능성까지 취재한 뒤에, 함부로 예단하지 말고 보도해야 한다.

김 기자 코멘터리

이태원 참사 관련 방송 이후에 해당 영상을 다시 보지 못했다. 방송 당시의 무력감이 다시 덮칠까 두려워서였다. 세월호 참사는 이 시대 기자들에게, 적어도 내게 원죄와도 같다. 기자들이 죄송하다고 고개 숙이고, 세월호 그리고 안전 관련 취재에 관한 TF를 꾸리고, 건강한 언론으로 거듭나기 위해서 나름 노력해 왔다고 생각했다. 언론의 반성과 발전을 도모하는 소통 방송이랍시고 〈댓읽기〉도 5년이나 진행했는데, 이태원 참사가 발생했고 정부 관계자들은 책임 회피에 급급한 상황이 2014년과 똑같이 발생했다. 기자가 무엇을 바꿨나? 무얼 바꿀 수 있나? 무력감이 잠식해 왔다. 어쭙잖은 정의감에 국민의 분노만 돋우는 방송을 할 바에는 안 하는 게 낫겠다고 생각했다.

하지만 한덕수 국무총리의 웃음으로 대표되는 위정자들의 무심함과 청년까지 정쟁의 도구로 삼는 이들의 욕심, 망자와 유족에 대한 패륜적 비하를 보고 생각을 고쳐먹었다. 무력감을 핑계로 조용히 있는 것이 그들에 대한 묵인이 될 수 있기 때문이다. 세월호 참사와 이어진 보도 참사가 언론인의 자성과 〈댓읽기〉라는 채널이 탄생하게 된 계기를 이끌어 낸 것처럼 (아직 갈 길은 멀지만) 다음 참사는 없어야 하기 때문에 언론의 할 일을 하고자 한다.

아주 다 쏟아 내고 가는 방송이구먼!

- 탁현민 씨의 ‘삐딱한’ 창의성이 돋보이는 방송이었습니다. 그런 창의성은 관습을 깨고 본질적인 것을 찾아내는 따스함에서 나오는 것 같네요.

- 탁현민 씨가 다른 방송에 많이 나오기도 했고, 그런 방송들 진행과 인터뷰 내용, 분량에 매번 아쉬운 기억이 있어 약간 기대 없이 봤습니다. 그런데 보길 아주 잘 했고, 귀한 시간이 되었습니다.

- 책을 기반으로 한 두 기자의 질문들도 좋고, 탁현민 씨 답변도 다른 인터뷰보다 훨씬 길고 깊고 편하게 들렸습니다.

과연 탁현민 전 비서관이 〈책읽기(책 읽어주는 기자들)〉에 나와 줄까? 〈댓읽기〉의 번외편으로 진행하고 있던 〈책읽기〉에서 탁현민 전 비서관의 책인 《Mr. President》를 다루기로 했다. 김기화 기자는 탁 전 비서관을 〈책읽기〉에 출연하도록 섭외하자고 결정한 후에 걱정이 태산이었다. 시작한 지 얼마 되지도 않은 책 소개 유튜브에 탁 전 비서관이 나와 주리란 보장이 없었다. 섭외가 되어도 걱정이었다. 그놈의 정치 편향 논란 때문이었다. 탁현민은 문재인 정부 내내 신임받는 의전비서관으로 일했고, 언론 노출도 많던 인물이다. 정권이 바뀐 뒤에는 윤석열 정부의 의전에 대해서 쓴소리를 아끼지 않는 사람이다 보니 정치 편향 논란이 나올 수 있다는 걱정이 김 기자를 움츠러들게 했다. 괜찮을까? 김기화 기자는 다음 주 방송에서 다룰 책이 《Mr. President》라고 예고하는 방송을 앞두고, 정치 편향에 대한 우려를 어떻게 풀어내면 좋을지 고민하며 짜증이 좀 났다. '현재 화제가 되고 있는 이야깃거리가 넘쳐 날게 분명한 책을 정치 편향 논란 때문에 다루기 두려워하는 게 맞나?' 결국 방송에서 "다른 정권 의전비서관님이 책을 내시면 그것도 소개해 드릴게요."라며 넘어갔고, 《Mr. President》는 일단 다뤄 보는 걸로, 탁 전 비서관 섭외를 진행해 보는 걸로 결론이 났다.

김 기자는 며칠 뒤, 탁현민 섭외에 성공했다는 소식에 반신반의하면서도 몹시 긴장됐다. 탁현민이 누구인가. 문재인 정부 내내 대통령의 행사와 의전을 담당하면서 세계 최고 권력

자부터 북한 정부 인사까지, 악의적인 기자와 방송인부터 문재인 정부에 환호하는 팬덤까지 그야말로 다양한 인사와 일을 만들어 온 '거물'이 아니던가. '탁현민' 하면 떠오르는 특유의 시큰둥한 표정과 까칠한 말투에 괜스레 '망신당하면 어쩌나?' 하는 불안도 엄습했다. 저자와 만나는 자리가 코앞이라 한 글자도 놓쳐서는 안 되겠다는 일념으로 열심히 읽고, 밑줄 쳤다. '아, 그 부분은 안 보셨어요?'나 '아, 모르시는구나!' 하는 말은 듣고 싶지 않았다. 녹화 당일에 탁현민 전 청와대 의전비서관을 카페에서 만나서, 가볍게 인사하고 스튜디오에 앉았는데, 긴장이 풀리지 않았다. 그러나 마음을 다잡았다. 평소와 다름없이 하이 톤으로 힘차게 오프닝 인사를 하는데, 탁 비서관의 반응이 다음과 같았다. "즐거운 마음으로 왔고요. 김기화 기자님은 방송 시작하기 전이랑 텐션이 많이 다르시네요. 깜짝 놀랐습니다!" 정연욱 기자는 2012년 공영방송 총파업 당시 탁현민 씨가 무대감독 등 각종 행사에서 함께한 인연을 소환하며 아이스브레이킹을 거들었다. "방송사 파업 때 봤던 탁현민 씨의 이미지는 개인적으로 '홍대에서 노는 형' 같았어요. 감각은 있는데 게으르고 술 좋아하고, 하지만 정의롭고. 그래서 저희 방송 출연에 응해 주시는 게 '귀찮지만 도와줄게' 약간 이런 느낌이었어요." 어찌 보면 무례하게 느껴질 수도 있는 이야기임에도 탁 전 비서관은 웃으며 맞장구쳐 주었다. 이후 그와의 인터뷰는 부드럽게 미끄러져 갔다.

책의 제목이 왜 'Mr. President'인지부터 물어봤다(책 제목인 'Mr. President'는 문재인 대통령의 입장곡 'Mr. President'에서 따온 것이다). 탁 전 비서관은 웃으며, 〈책읽기〉에서 처음 밝히는 거라면서 비화를 풀어놓았다. 원래 책 제목은 'The Show'였다고 한다. 듣자마자 왜 그렇게 지었는지 알 수 있었다. 청와대 의전비서관직을 수행하는 내내 야당으로부터 '알맹이는 없고 쇼만 한다', '소통이 아니고 쇼통이다'라는 식의 비난을 지겹도록 들었을 테다. 당연히 그들에게 보란 듯이, '홍대 노는 형'의 삐딱한 마음으로 '그래, 나 쇼했다. 어쩔래?'라고 외치듯 제목을 지은 게 아닐까 하고 짐작했다. 하지만 이어지는 탁 전 비서관의 설명은 기자들 예상을 비껴갔다.

그의 말에 따르면, 평소 대통령의 위엄을 상징하는 대표적인 사진 구도 중 하나가 '대통령이 전용 헬기에서 내리면서 기자들을 향해 손을 흔드는 장면'이라고 한다. 이런 구도의 사진은 미국 레이건 전 대통령 때부터 촬영되기 시작했는데 그 장면을 기획한 미국 대통령 경호국에서 이 연출을 'The Show'라고 명명했다는 것이다. 즉 'The Show'란 '대통령이 가장 대통령다운 위엄 있는 모습을 담은 상징적 행위'라는 의미였고, 탁 전 비서관은 이를 책 제목으로 생각했던 것이다. 일견 이해되면서도, 그 제목을 쓰지 못한 이유도 이해할 수 있었다. 탁 전

비서관도 제목을 그렇게 썼다가는 그에게 비우호적인 기자들이 '문재인 정부의 행사 기획자 탁현민이 결국 모두 쇼였음을 자인했다'라는 식의 기사로 도배할 게 뻔했다며 쓴웃음을 지었다. 탁 전 비서관은 녹화 내내 악의적 기사를 써내던 기자들에 대한 서운함과 분노를 서슴없이 털어놓았다. 〈댓읽기〉 기자들도 같은 직업을 지녔기에 더욱 공감하면서도 더 미안한 자세로 이야기를 들을 수밖에 없었다. 탁 전 비서관은 선물 하나를 고를 때도 신중을 기했다는 이야기다. 당시 문재인 정부에서는 미국 트럼프 대통령에게 비공개 선물을 하기로 했는데, 한 도자기 작품이 유력한 후보였다고 한다. 하지만 그 도자기가 유골함과 비슷하게 생겼다는 지적이 나오면서, 이를 트럼프 대통령에게 전달할 경우에 기자들이 이를 악의적으로 왜곡해 기사를 쓰지 않겠냐는 우려(〈댓읽기〉 기자들을 가리키며 "이 악독한 기자들이 가만히 있겠느냐?"라며 웃었다)가 있었다고 했다. 결국 선물은 다른 작품으로 결정됐다고 한다.

한때 방송사 파업 행사를 기획할 정도로 기자에 대해 존경심을 지녔던 그가 기자 혐오증에 걸리는 데는 긴 시간이 필요하지 않았다. 탁 전 비서관은 청와대에서 일하면서 기자에 대한 분노가 집중적으로 축적됐다고 했다. 김정숙 여사가 이집트 순방 직후 부당하게 공격받을 때도 기자들은 내막을 다 알고 있으면서도 비난에 동조했고, 코로나19 시기에 정은경 청장 취임식을 대통령이 질병관리청에 직접 방문해서 진행했을 때도 방역 관리 위반이라며 사사건건 트집을 잡았다고 한다. 탁 전 비서관은 당시 정부 행사에 흠집을 찾기 위해 혈안이 돼 있는 데다 흠집이 없으면 만들어서라도 기사를 써내는 기자들을 견디기 힘들었다고 했다.

탁 전 비서관이 〈책읽기〉에 나와서 밝힌 에피소드 중 가장 흥미롭던 부분은 거북선 이야기였다. 일본 자위대가 군함을 전개하는 관함식에 문재인 대통령이 참석하게 되었는데, 일본 해군은 군함에 욱일기, 즉 전범기를 달고 오겠다고 선언한 상황이었다. 이대로 뒀다간 문 대통령이 욱일기에 경례하는 장면이 연출될지도 모르는 상황이었다. 이에 탁현민 비서관을 비롯한 한국 정부 관계자들은 고심 끝에 묘수를 내는데, 바로 문재인 대통령이 승선하는 일출봉항에 이순신 장군을 시작으로 조선 시대 삼도수군통제사가 사용한 대장기를 게양하자는 것이었다. 결국 일본은 해상 사열 불참을 통보했다. 정연욱 기자가 웃으면서 "아예 거북선을 끌고 나가지 그랬냐?"라고 질문했다. 뜻밖의 답변이 돌아왔다. "안 그래도 거북선도 알아봤다."라는 것이다. 하지만 거북선의 고증이 완벽하지 않고, 배의 크기가 작아서 항공모함 옆에 떠 있으면 초라해 보일 수 있으며 동력이 약해서 다른 배들과 속도를 맞추기 힘들고, 거북선의 갑판이 뾰족한 가시로 무장되어 있어서 대통령이 사열 받을 장소로는 부적절하기 때문에 배제되었다고 한다. 그만큼 정부 행사는 깊은 고민과 토론을 거쳐 정해지며, 어느 부분 하나 허투루 넘어가는 게 없었다.

녹화는 금방 한 시간을 넘어서 두 시간을 향했다. 큰 소리로 말을 오래 하면 얼굴이 얼얼해진다. 탁 전 비서관도 피곤해 보였다. 궁금한 건 많은데, 녹화가 너무 길어져 질문할 때마다 미안했다. “진짜 죄송한데, 딱 하나만 더 여쭤볼게요.”, “아, 저희가 녹화 시간이 너무 길어져서 다 말씀은 못 드리는데, 궁금한 거 하나만 더 말씀드리자면…….” 기자로서의 호기심과 의무감에 지난 시절을 돌이키며 진행한 2시간이 넘는 녹화가 마무리되고, 마지막으로 “저희 〈책읽기〉 출연하시는 게 처음인데, 출연 소감 한마디만 부탁드릴게요.” 탁 전 비서관에게 물었다. 그러자 “아주 다 쏟아 내고 가는 방송이구먼요. 아끼고 자시고 할 거 없이. (웃음)”라는 대답이 돌아왔다.

소감을 듣고 출연자를 혹사시킨 데 미안함이 더 커졌지만, 후련해 보이는 탁 전 비서관의 표정에서 뿌듯함도 느꼈다. 녹화를 마치고 “이거 편집을 어떻게 하려고 그러세요?”라는 탁 전 비서관의 질문에 “편집할 게 별로 없어서 다 내보내려고요.”라고 답했다. 두 시간이 넘는 녹화본을 줄이고 줄여서 방송본은 한 시간 40분이 넘었고, 우려와는 달리 방송 최초 공개 시 실시간 채팅 반응이 좋았다. 조회 수도 38만 회를 넘었다.

〈책읽기〉를 시작한 이래 최대 조회 수였다. 탁현민이라는 사람에 대한 호감도도 기여했겠지만, 댓글 반응이 해당 방송이 재미있는 이유를 말해 주고 있었다.

➢ 두 기자가 책을 열심히 읽고 질문하는 티가 많이 나네요.

➢ 책 이야기만 들을 수 있어서 좋았습니다.

탁현민 전 비서관도 "다른 방송에 출연하면 '탁현민 씨, 책을 내셨다면서요. 축하드립니다. 그런데 윤석열 정부에 대해서는 어떻게 생각하십니까?'라며 정치 이야기를 하는데, 〈책읽기〉는 온전히 책 이야기를 할 수 있어서 좋았습니다."라고 했다. 방송을 준비하면서 탁현민 전 비서관의 책을 다룬 유튜브를 많이 찾아보았는데, 섬네일부터 내용까지 대부분 책 자체에 대한 이야기를 깊이 나눈 경우는 드물었고, 책을 기회로 현 정부에 대한 비판으로 내용을 채우는 경우가 많았다. 이를 보고 김기화 기자와 정연욱 기자는 해당 방송 기획 초기부터 '우리는 책 이야기에 집중해야 차별성이 있겠구나', '어설프게 현안 이야기를 했다가는 시청자는 들은 얘기 또 듣게 되겠구나' 하고 생각했다. 〈책읽기〉 방송은 애초에 기자와 구독자 모두 같은 책을 '읽고 와서' 감상과 생각을 나누는 콘셉트다. 책

이야기를 하는 것만으로도 방송 시간이 모자란다. 저자가 직접 왔고, 흥미진진한 대통령 행사 뒷이야기를 제대로 풀자니 두 시간도 부족할 수밖에 없다. 방송 콘셉트에 충실하게 책 자체에 집중한 것이 시청자의 흥미를 높인 것이다. 다른 이유도 가늠되었다.

- 홍대 형과 두 기자 덕분에 1시간 반의 방송이 '순삭'됐어요. 탁 전 비서관님이 직접 책에 실린 에피소드들을 생생히 풀어 준 덕분에 방송을 보는 내내 행사 현장에 있는 기분을 느꼈습니다.

- 탁현민 전 비서관도 두 기자를 좋아하는 게 느껴지는 거 같아요.

〈책읽기〉는 탁 전 비서관을 '게으르지만 감각 있고, 정의롭지만 술을 좋아하는 홍대 형'이라고 소개하고 본격적으로 녹화에 돌입했다. 아마 어느 방송에서도 이렇게 탁현민을 소개하지는 않았을 것 같다. 이런 소개를 듣고 무례하다고 느끼는 사람도 있겠지만, 적어도 탁 전 비서관은 그렇지 않았다. '홍대 형'과 '하이에나 같은 기자'라고 서로 파격적으로 호칭하면서, 초반부터 경계심을 많이 누그러뜨렸다. 지상파에서는 할 수 없을 아이스브레이킹이었고, 유튜브에서도 선을 아슬아슬하게 지켜야 가능한 대화였다.

인터뷰란 어떤 걸까? 〈책읽기〉는 방송을 거듭하며 저자와의 인터뷰이자 두 기자의 대담으로 진화했고, 두 기자는 시간이 지나며 인터뷰의 본질을 다시 고민해 봤다. 인터뷰의 본질은 그 인물에 대한 성의 있는 공부, 진심에 바탕을 둔 관심 그리고 그의 성취에 대한 존중에서 출발하는 것이다. 그리고 그 변주는 〈책읽기〉식의 다가가기, 다시 말해 친근하되 도발적이고, 파격적이지만 예의를 잃지 않는 화법이다. TV 앞의 시청자만 콘텐츠의 소비자가 아닌 지금에는 유튜브를 비롯한 뉴미디어 문법에 맞는 인터뷰 방식을 새로 만들어야 한다고 생각해 왔다. TV에 비해서 좀 더 과감한 질문과 표현이 가능하고, 편성표에 구애받지 않으니 시간 제약도 없고, 즐겁고 유쾌하면서 인터뷰이와 진행자가 친해지면서 이야기 나눌 수 있는 새로운 인터뷰 방식으로 〈댓읽기〉와 〈책읽기〉에서 기자의 본분과 기자 개인의 관심을 모두 잡는 인터뷰를 실험한 것이다.

김 기자 코멘터리

탁현민 전 비서관의 책을 읽고, 임기 내내 청와대에서 대통령과 관련된 행사를 기획하고 실행했던 담당자의 기록을 접할 수 있어서 다행이라는 생각이 들었다. 책을 쓰는 입장이 되고 보니 다른 사람의 책을 대하는 마음이 이전과는 다르기도 했다.

언론계에는 '책을 쓰는 기자'에 대한 편견이 있다. 작가가 사내외로 존경받는 기자거나 경천동지할 특종에 대한 취재 후기를 쓰는 기자인 경우에는 그나마 괜찮지만, 기자 자신의 소소한 취재 경험이나 기자 생활에 대한 책을 쓰는 경우에는 사내 곳곳에서 수군대는 뒷담화를 피할 수 없다. 대개 '하라는 취재는 안 하고 외부 활동에만 관심 있다', '시간이 얼마나 남아돌길래 책을 쓰느냐', '나중에 정치하려고 저런다'라는 취급을 받기 십상이다.

그 때문에 《댓글 읽어주는 기자들》을 쓰면서도 많이 고민했다. 이 책이 과연 기록으로서 가치가 있을까? 탁현민 전 비서관이 방송에서 한 이야기 중 개인적으로 가장 기억이 남는 말이 있다. "(보통 새 정부가 시작되면) 전 정부를 부정하면서 시작하잖아요. 그런데 저도 일하면서 느낀 거지만, 저는 제가 맡았던 일에 이전 정부의 의전 관례가 가장 도움이 되었거든요. 의전 형태가 잡히기 시작한 전 정권보다 더 과거의 사례를 참고하기도 했어요. 취임식 백서도 있는데, 제가 주로 봤던 책들은 그겁니다."

탁 비서관은 지금의 대통령 의전 대부분은 박정희 정권 때 정리되었다고 설명했다. 지금보다는 권위적인 부분이 더 많았지만, 문재인 정부에 맞게 변용하면서 그런 부분은 많이 줄어들었다고 했다. 탁 비서관은 업무에서 박정희 정부 의전비서관의 덕을 톡톡히 본 셈이다. 진영과 정권을 넘어서 새로운 도전을 했던 사람의 기록은 그래서 의미가 있다.

《댓글 읽어주는 기자들》이 기록으로 의미가 있기를 바랐다. 기자에게, 뉴미디어에 관심 있는 사람에게, 기자 지망생에게 그리고 대중에게 KBS 기자들이 여기까지 고민했고, 이런 시도까지 해 봤다는 기록이 되길 바란다. 직장을 다니면서 유튜브를 할 때 생기는 마찰에 대해 고민하는 사람, 회사에서 유튜브를 만들어 보라고는 하는데 막막한 기자, 기자 놈들은 대체 무슨 생각을 하며 사는지 궁금한 대중, 그들에게 도움이 되는 기록이기를 진심으로 바라고 목표하며 이 책을 썼다.

기레기가 되기 싫은 중앙일보 기자의 〈댓읽기〉 출연

➤ 언론이 기득권층이 되었고, 몇몇 언론사가 더욱 힘을 지녔는데, 그런 힘을 지닌 언론사 소속 기자가 기자 정신으로 용기를 낸 데 공감하고 지지를 보냅니다.

김기화 기자는 〈댓읽기〉를 진행하면서 꼭 해 보고 싶던 이벤트가 있었다. 바로 '타 언론사 기자와의 콜라보'였다. 김 기자를 비롯한 〈댓읽기〉 구성원은 다른 언론사에도 〈댓읽기〉와 같은 고민, 즉 기레기 소리를 듣지 않기 위해 노력하고 대중과 소통하고 싶어 하는 기자가 분명히 있을 거라고 생각했다. 언론사마다 인적 구성이 다르고, 정치 성향이 다르고, 고민의 수준도 다르겠지만, 같은 시대와 사회를 살아가는 기자이기에 소통과 반성에 대한 공감대가 있을 것이기 때문이다.

〈댓읽기〉에서는 그동안 꾸준히 타사 기자들에게 출연을 제안했지만, 매번 막판에(주로 타 언론사 측에서 재직 기자의 출연을 허락하지 않았기 때문에) 좌절되곤 했다. 그러던 중 《기레기를 피하는 53가지 방법》이라는 책을 쓴 중앙일보 송승환 기자를 만나게 되었다. 책에 '기레기'라는 표현을 넣은 것부터 〈댓읽기〉 구성원과 비슷한 고민을 하고 있다는 걸 보여 줬다. 송 기자에게 〈댓읽기〉에 직접 출연해 이야기를 나눠 보자고 제안하여, 중앙일보 기자의 KBS 유튜브 출연이 성사됐다.

〈댓읽기〉 구성원은 타사 기자들이 〈댓읽기〉에 대해서 어떻게 생각하는지가 가장 궁금했다. 송 기자가 '어떤 기자가 김기화 기자를 만나면 조인트를 한번 까겠다고 하더라'라고 답한 데서 타사에도 〈댓읽기〉에 대한 곱지 못한 시선이 있다는 걸 새삼 알게 되었다. 아무래도 본인의 기사를 신랄하게 비판하는 영상을 보면 속이 부글부글 끓을 수 있을 것이다. KBS 기자라면 직접 〈댓읽기〉에 출연해 해명할 수도 있겠지만, 타사 기자 입장에서는 답답하고 억울했을 수도 있다.

〈댓읽기〉 구성원은 방송에서 늘 같은 기준으로 상식선에서 비판과 지적을 했다고 생각해 왔지만, 비판과 지적의 대상이 된 당사자는 억울하다는 입장이 많았다. 평소 〈댓읽기〉에 호의적이던 기자들도 본인 기사의 부족한 점을 지적하면 표정이 싹 굳기 마련이다. 의료 파업 때는 의사 구독자들이 편파 방송이라고 비판하는 이메일을 보내고, 교회를 비판하면 교인 구독자들이 실망했다며 반발해 왔다. 옥유정 기자는 이런 상황을 '내부의 논리와 외부의 시선은 다를 수밖에 없다'라고 정리한 적 있다. 그 '다른 점'을 해소하기 위해서는 적극적인 소통이 필요하고, 특히 '기자의 논리'와 '대중의 시선' 간 차이를 해소하기 위해 마련한 소통 채널이 바로 〈댓읽기〉다.

다른 언론사에도 〈댓읽기〉와 같은 시도들이 있었다. 중앙일보와 JTBC에서도 소통을 위해 다양한 시도를 했다. 대화형 뉴스를 표방한 〈썰리〉나 정규 뉴스가 끝나고 유튜브 라이브로 진행되는 〈소셜 라이브〉 등으로 시청자에게 다가가려는 시도가 계속됐다. 그러나 이러한 시도가 길게 이어지는 경우는 적었는데, 이에 대해 송 기자는 '아직까지 회사가 디지털과 소통에 총력을 쏟지는 않는 것 같다'라고 했다. 이는 중앙일보와 JTBC만이 아니라, 어느 언론사나 비슷한 상황일 것이다.

방송사라면 저녁 메인 뉴스, 신문사라면 지면의 1면에 담기는 기사에 더 집중할 수밖에 없다. 언론사 간부 입장에서는 '이 기자를 여기서 디지털 소통 역할을 시키느니 서초동(법조)이나 여의도(정치)로 보내 놓으면 단독이라도 하나 더 가져오겠지, 적어도 취재에 더 도움이 되겠지'라는 생각이 들 수밖에 없는 것이다. 일반 회사로 치면 R&D에 쏟을 여유가 없다는 얘기다. 일반 기업이 R&D에 투자하는 비중은 매출의 4.5% 정도다(2022년 1,000대 R&D 투자 기업 스코어보드 기초 분석 보고서, 한국산업기술진흥원, 2022, p. 35). 언론사는 사람이 재산이니 취재 기자의 3~4% 정도는 미래를 위해 디지털 및 시청자 소통 업무에 매진하게 하는 것이 필요하지만 현실은 그렇지 않다.

송 기자는 검찰 출입 기자들의 문제점에 대해서도 지적했다. 기자가 취재원과 동화되는 과정에 대한 경계와 우려를 드러낸 이야기였는데, 그는 이러한 취재원과의 동화 현상은 특히 검찰 출입 법조 기자에게서 도드라진다고 했다.

> **검찰에 출입하며 검사들과 차 마시고 술 마시고 하다 보면 영리하고 논리적인 검사들의 논리에 스며들게 된다. 문제는 이 논리가 시민 전체의 이익이라기보다는 그들이 속한 조직의 이익을 대변하는 논리라는 것이다. 실제로 검찰에 출입하다 보면 '명예 검사' 같은 기자들이 종종 눈에 보인다. 어떤 사건이 발생했을 때 검사보다 더 검찰 조직의 이익을 대변하는 글을 쓰는 기자들이다. 이들은 검찰 출입을 오래 하면서 마치 자신이 검사인 것같이 생각이 동화된다. 적당히 멀고 적당히 가까운 거리 두기에 실패한 괴물들이다.**
>
> 《기레기를 피하는 53가지 방법(송승환 저, 박영사)》 중

송 기자는 특수 수사를 담당하는 서울중앙지검 3차장검사와의 만남을 떠올렸다. 당시 해당 검사와 매일 티타임하고 전

화하며 취재하였는데, 괜히 불편한 기사를 써서 검찰과의 관계를 망가뜨려서는 안 되겠다는 걱정부터 들었다고 한다. 이 단계에 머무르는 기자도 많다. 그런 기자들을 송 기자는 '명예 검사'라고 지칭하는데, 이들은 검찰의 수사를 마치 자기 일인 것처럼 여긴다고 한다. 검찰의 수사가 난관에 봉착하면 '어떻게 해! 수사 빠그라졌나 봐!'라며 걱정하고, 자신과 친한 검사가 물먹지나 않을지 전전긍긍하는 기자들이 법조 기사를 쓴다면 그 기사는 중립적이라고 할 수 없을 것이다.

송 기자는 결국 검찰이 말하는 대로 받아쓰기만 하는 기자는 검찰도 우습게 본다는 사실을 알게 되었다고 한다. 취재원과 언론의 건강한 관계는 술을 많이 먹고 흘려 주는 기사만 쓴다고 이뤄지는 것이 아니다. 예전에는(어쩌면 지금도) 잘나가는 검사가 누구 전화는 받더라는 게 기자의 능력을 가늠하는 척도였다. 그만큼 검찰에게 신뢰를 얻은 기자라는 의미일 테다. 검찰의 신뢰를 얻어 나중에 어떤 개인적 영달을 이룰지는 알 수 없으나, 그런 기자가 생산하는 기사가 메인 뉴스를 장식하는 현실이 반복되면 그 언론사는 대중의 신뢰를 얻을 수는 없다는 데 송 기자와 〈댓읽기〉 기자들이 의견을 같이했다.

베일에 가려져 있는 언론사 편집회의에 대한 지적에도 공감되었다. 방송사 편집회의는 주로 오전 9시~10시쯤 열리는데, 보도국장과 각 부장단, 주간 등 핵심 간부들이 모여 그날의 주요 취재 및 보도 방향을 결정한다. 부장들이 돌아가면서 자신이 맡은 출입처의 주요 일정과 발생 뉴스를 읊은 다음 어떤 취재를 할지 발제한다. 그다음 해당 뉴스가 어떻게 소화될지, 다시 말해 9시 메인 뉴스에 들어갈 만한지, 다른 뉴스로 처리할지, 아니면 '킬(Kill)' 시킬지(보도하지 않을지) 결정한다. 그리고 시간이 지나면서 상황이 달라지기 마련이기 때문에 오후 즈음에 '축조회의'라는 간소화된 회의를 통해서 아이템을 넣거나 빼는 과정을 거친다. 그날 메인 뉴스의 설계도를 그리는 과정이라고 보면 된다.

이 과정은 보통 평기자들에게 공개되지 않는다. KBS는 편집회의에 기자협회장 혹은 그의 대리인이 참석하여 누가 어떤 발언을 하는지 모두 기록하는 제도가 있긴 하지만, 이 내용이 외부로 유출되는 경우는 거의 없다. 송 기자는 이 과정을 가능한 한 투명하게 공개하는 것이 좋겠다고 제언했다. 이를 통해 언론 소비자의 주요 의문점을 해소할 수 있을 것이라 기대할 수 있기 때문이다. 바로 '왜 이 기사는 보도되고 다른 기사는 보도되지 않는가?'에 대한 의문이다. 언론의 권력을 논할 때 꼭 등장하는 사례가 바로 '보도하지 않을 권리'다. 이에 대해 언론 소비자들은 언론사들이 정파적 혹은 금전적 이익에 따라 선택적으로 보도하는 것이 아니냐고 의심한다. 언론사들은 절대 그렇지 않다며 공정하고 불편부당하게 보도하고 있다며 펄쩍 뛴다. 이런 언론사의 반응이 정말 맞는다면, 편집회의 과정을 대중에게 공개하지 않을 이유가 없다는 것이 송 기자의 의견이다.

KBS 파업 이후, 내부에서는 편집회의를 누구나 볼 수 있게 생중계하자는 제안까지 나왔다. 실시간으로 큐시트(9시 뉴스 리포트가 나가는 순서를 적은 표)가 어떻게 바뀌는지 설명하는 콘텐츠를 만들자고 제안한 적도 있다. 다른 언론사는 몰라도 적어도 KBS는 그래도 될 것이다. KBS는 사주가 없고, 국민이 주인인 언론사이기 때문이다. 국민의 수신료로 살아가고 있는 KBS 기자들이 어떤 뉴스를 선택하고 버릴지를 결정하는 과정을 KBS의 주인인 시청자에게 알리는 건, 뉴스의 신뢰도를 높이는 데 기여할 것이라고 생각했다. 너무 급진적인 안이라는 이유로 별다른 반향을 얻지는 못했지만, 이와 같은 언론사의 비밀주의가 언론 소비자의 불신을 낳는 주요 이유일 것이다. 대안은 파격에서부터 시작되는 법이다.

▶ 중앙일보 기자가 이런 책을 낸 용기를 인정합니다. 기레기 서식지 중앙일보 내부에서 이런 책을 낸다는 게 쉽지 않았을 텐데요.

▶ 섭외도 참. 〈댓읽기〉도 이렇게 맛이 가는 건가?

대댓글 댓글 읽어주는 기자들

▸▸ 기존 언론에 대한 불신과 분노는 여러분과 저희 기자가 다르지 않다고 생각합니다. 다만 저희는 그 안에서 희망과 우군을 찾고 있습니다. 싫다고 밉다고 욕하고 비판하는 건 대중의 몫, 그 속에서 뭐라도 해 보려 발버둥 치는 것은 언론 개혁을 꿈꾸는 기자의 몫이겠지요.

해당 방송 영상에는 예상대로 중앙일보 기자라는 이유로 많은 비판 댓글이 달렸다. 송 기자도 이를 예상했다고 했다. 하지만 그는 특정 언론사 소속이기 때문에 무조건 믿을 수 없다는 댓글은 사실 해당 기자에게 별 타격이 없다고 말하며, 효과적인 비판 댓글 작성 팁을 공유해 주었다. 대중이 기자가 진짜 아픈 부분을 비판하는 댓글을 쓰려면 취재 내용의 부실함이나 논리적 허점, 혹은 비전문가적 오류를 지적하는 게 효과적이라는 것이다. 기자가 기사에서 숨기고 싶던 부분, 대충 넘어가려던 부분, 교묘하게 논지를 왜곡하려고 쓴 부분을 댓글로 남기면 기사를 쓴 기자도 뜨끔할 것이라고 했다.

물론 많은 사람이 '왜 기사를 있는 그대로 받아들이면 안 되는지', '왜 대중이 보도 내용이 맞는지 검증하는 역할을 해야 하는지', '언론이 스스로 품질 제어(Quality Control)를 해야 하는 문제 아닌지' 지적한다. 백번 맞는 말이다. 하지만 언론 소비자도 한국 언론의 현실을 직시해야 한다. 한국언론진흥재단이 발표한 신문산업실태조사(2021년 12월 기준) 결과에 따르면 운영이 확인된 신문사는 5,397곳으로 2020년(5,078곳)보다 319곳 증가했다(정철운, 「대한민국 신문사는 5,397개, 취재기자는 1만 8,742명」, 미디어오늘). 기자가 2만 명에 달하는 현실에서 기자에게만 자정 노력을 기대하다가는 언론 소비자가 가짜 뉴스에 오염될 가능성이 높다. 결국 언론 소비자가 언론을 대하는 요령과 기사를 읽는 능력, 이른바 미디어 리터러시가 필요한 시대가 된 것이다. 슬프지만 어쩔 수 없다.

해당 방송 말미에 김 기자는 자기에게 조인트 까고 싶다던 모 언론사 기자에게 "제가 술 한잔 사겠습니다. 제가 조인트 까이고, 얹어서 술까지 사겠습니다. 연락 한번 주시길 바랍니다."라고 했다. 연락은 없었다. 궁금했다. 그의 어떤 기사에서 어떤 부분을 〈댓읽기〉가 비판했는지, 그 비판에서 어떤 부분이 부당하다고 느꼈는지 알고 싶었다. 〈댓읽기〉의 비판이 '조인트 까일 정도'로 잘못된 것이었다면 이를 정정하고 알리는 게 시청자에게 마땅한 도리일 테니까. 그 과정에서 〈댓읽기〉도 잘못된 부분을 고치고 성장하는 계기가 되었으면 했다. 〈댓읽기〉 구성원은 소통과 반성이 언제나 좋은 결과를 가져온다고 믿기 때문이다.

김 기자 코멘터리

〈댓읽기〉를 시작할 때 잘못 생각한 부분이 있다. 다른 언론사에도 이 같은 소통 방송이 우후죽순으로 생겨날 줄 알았던 거다. 꼭 댓글로 소통하는 콘셉트는 아니더라도, 기자가 언론 소비자와 직접 소통하며 기사에 대해 깊이 있는 이해를 돕고 오해를 푸는 형식의 유튜브 방송이 많이 생겨날 거라 믿었다. 그래서 언론사마다 생겨난 소통 유튜브 진행 기자끼리 서로 초대해서 콜라보 방송도 하고, 은근히 기싸움도 하면서 상대 언론사에 대해 비판하고 방어하며 긴장감 넘치게 생산적인 콘텐츠를 만들 수 있을 거라고 기대했다.

하지만 〈댓읽기〉처럼 자유로운 분위기의 유튜브 소통 방송은 이 방송을 몇 년 진행하도록 등장하지 않았다. 그 이유가 항상 궁금했는데, 언론인을 상대로 〈댓읽기〉를 소개하는 강연 자리에서 약간의 힌트를 듣게 되었다. 해당 강연을 들은 모 언론사의 선배 기자는 '언론사마다 유튜브 소통 방송에 대한 생각이 없지 않다. 하지만 일선 기자를 빼서 유튜브에 투입시킬 만큼 여력이 없다'라고 이야기했다.

〈댓읽기〉를 시작할 당시에는 모든 기자와 제작진이 퇴근 이후 시간을 활용해서 제작했다. 촬영은 쓰던 스마트폰을 활용했고, 밤 10시에야 녹화가 시작되었다. 녹화를 마치면 새벽 1시가 넘기 일쑤였다. 그래서 업무 시간이 주 52시간을 넘어가기 일쑤라 출연 기자의 팀장들이 불만을 제기한 적도 있었다. 하지만 의미 있고 재미있는 시간이었기 때문에 모두 기꺼이 소중한 시간을 내어서 만든 것이다. 2017년 공영방송 총파업에서 복귀한 직후라 뭔가 새로운 저널리즘을 해 보자고 다 같이 으샤으샤 하는 분위기도 한몫했다.

'검사는 공소장으로 말하고, 기자는 기사로 말한다'라는 이야기가 있다. 그만큼 좌고우면하지 말고, 잿밥에 관심 두지 말고 순수한 직업적 실력으로 승부하라는 의미일 것이다. 유튜브 소통 방송인 〈댓읽기〉를 만들 때, '기자가 기사로 말해야지'라는 이야기도 많이 들었다. 타사 기자들도 마찬가지일 테다. 하지만 〈댓읽기〉 또한 기사일 수 있다. 새로운 현장을 취재한 것은 아니지만, 기존의 기사만 있다면 세상에 나오지 못했을 내용을 발굴해서 알리는 작업이니 말이다.

언젠가 이런 소통 방송이 다른 언론사에도 생겨나서 경쟁도 하고, 합방(서로 다른 유튜브 채널이 함께 라이브 방송을 하는 것) 이벤트도 하고 서로 디스 하기도 하면서 한국 언론에 대해 같이 치열하게 토론하고 진심으로 고민하는 날이 왔으면 좋겠다. 그렇게 되면 대중도 언론에 불신이나 혐오보다는 호기심과 공감이 더 많이 두게 될 것이다. 결국 중요한 건 열정과 의지다. 현실화할 방법과 자원은 그다음이다.

기자끼리도 배워야 하는 시대다

▶ 첨 듣는 이슈인데 <댓읽기>를 통해서 이제라도 알아서 다행이라는 생각이 들어요.

'세상이 참 빠르게 변한다', '변화를 따라잡기 힘들다'라는 푸념은 요즘 같은 시대에 새로울 게 없다. 하지만 기자라면 그런 말을 쉽게 해서는 안 될 것이다. 세상의 주요 이슈를 가장 빠르고 정확하게 확인하고 분석하여 전달하는 것이 기자라는 직업의 본질이기 때문이다. 그래서 기자가 세상이 빠르게 변한다고 하는 것은 일종의 '게으름'으로 해석될 수도 있다. '환불 대란'이라는 표현까지 나왔던 2021년 머지포인트 사태는 기존 언론사가 첨단 기술이나 최신 트렌드를 어떻게 받아들이고 해석하고 전달해야 하는지를 보여 준 사안이었다.

머지포인트는 2020년부터 대형마트나 편의점, 음식점에서 현금과 같이 쓸 수 있는 포인트를 20% 할인된 가격으로 판매했다. 머지포인트에 8만 원을 내면 10만 머지머니를 충전해 주는 방식이다. 20%를 싸게 살 수 있다는데, 계속 유지만 된다면 안 사는 게 바보라는 생각이 들 정도로 파격적인 서비스였다. 소비자는 적게는 수십, 수백만 원, 많게는 천만 원대까지 머지포인트를 사들였다. 운영사는 시장의 반응이 좋아지자, 머지포인트를 연간 구독 서비스로까지 확장하며 누적 회원 100만 명, 일일 평균 접속자 수 20만 명, 가맹점 7만 곳을 기록할 정도로 몸집을 불렸다. 그리고 2021년 8월 11일, 사고가 나기 시작했다.

운영사는 8월 11일 자로 머지포인트를 사용할 수 있는 매장의 수를 급격히 줄였다. 법률상 문제를 언급하는 공지가 나오긴 했지만, 이용자들이 대처할 시간은 턱없이 부족했다. 주요 사용처였던 편의점, 대형마트에서 사용이 중지되기 시작했고, 결국 몇몇 영세한 음식점에서만 사용할 수 있게 되었다. 수십만 명의 머지포인트가 사실상 휴지 조각이 된 셈이다.

머지포인트 관련 이슈는 KBS 조정인 기자가 취재했고, 그는 〈댓읽기〉에도 출연했다. 조 기자는 본인도 머지포인트 사태의 피해자라고 고백했다. 대형마트에서 이용하려고 적지 않은 돈을 넣어 두었는데, 이를 돌려받을 길이 막막하다는 것이다. 이 때문에 조정인 기자는 머지포인트 사태의 심각성에 대해서 어느 기자보다 빨리, 깊이 이해할 수 있었다. 조 기자는 〈댓읽기〉에 출연하여 취재 현장에서 알게 된 소식과 본인의 경험을 상세히 설명해 주었다.

➤ 이번 〈댓읽기〉 방송 영상은 꼭 지상파에서 틀어 주면 좋겠다.

대댓글 **댓글 읽어주는 기자들**

➤➤ 지금 이 순간에도 어떤 이슈를 9시 뉴스에서 다뤄야 하는지에 대해서 치열한 토론이 벌어집니다. 때론 고성이 오가기도 하는 편집회의죠. 세상을 보는 시각이 서로 다르다 보니 현장 기자가 중요하다고 하는 이슈도 때로 9시 뉴스에서 누락되더군요.

지상파 방송 기사는 이슈를 기자 혼자 이해한다고 해서 출고되지 않는다. 보도국장 및 각 부서 부장급 간부가 포진한 아침 편집회의를 거쳐, 어느 부서의 어느 기자가 취재하고 리포트할 것인지를 정한 뒤에(기자들은 이 과정을 '가르마를 탄다'라고 표현한다), 9시 뉴스를 담당하는 편집부의 판단에 따라 보도될지 말지, 보도된다면 어떤 식으로 보도될지가 정해진다. 그리고 예를 들어 발제하는 기자가 자기 아이템인 머지포인트에 대해 전혀 모르는 회사 간부에게 '머지포인트가 뭐냐면요' 하고 설명하는 것부터 시작해서 그날의 가장 중요한 뉴스로 인식하게끔 설득하는 과정이 필요하다.

이 과정에서 간부들을 설득할 수 있는 가장 좋은 방법은 생텍쥐페리의 소설 《어린 왕자》에서 집을 평수나 가격으로 평가하는 어른들에게 말하듯 '피해자가 수백만에, 피해 금액이 수천억이에요'라고 설명하는 것이다. 하지만 모든 이슈가 그렇게 숫자로 똑떨어지지는 않아서 어떤 아이템은 메인 뉴스로 나가야 한다고 간부들을 설득하는 데 실패하는 경우도 종종 있다. 그럴 때는 해당 이슈가 타사에 나가고 나서야 사태의 심각성을 깨달은 간부가 뒤늦게 '야! 그거 빨리 리포트로 만들어!'라고 지시하는 촌극이 벌어지기도 한다. 해당 아이템을 발빠르게 발제했던 기자 입장에서는 한숨이 나올 일이다.

언론사 간부들의 이슈 이해도나 민감도에 따라서 보도되는 뉴스의 소재가 달라진다고 할 수 있다. 그동안은 정치적 이해관계나 성향, 자본 권력과의 관계가 언론사의 보도 방향에 가장 큰 영향을 끼치는 변수로 알려져 왔다. 하지만 이제는 새로 등장하는 기술이나 서비스에 대한 간부들의 민감도와 이해도가 뉴스 구성에 영향을 미친다. 다음의 표가 이를 방증한다. 2021년 머지포인트 사태, 그리고 2023년을 뜨겁게 달군 첨단 기술 및 과학 이슈인 챗GPT와 초전도체 LK-99 이슈의 보도 시점을 비교하면 다음과 같다.

	KBS 9시뉴스	MBC 뉴스데스크	SBS 뉴스8
머지포인트 사태	21년 8월 13일	21년 8월 13일	21년 8월 12, 13일
챗GPT	23년 2월 3일	23년 1월 31일	23년 2월 3일
초전도체 LK-99	23년 8월 3일	23년 8월 2일	23년 8월 1일

지상파 메인 뉴스에서 머지포인트 사태를 최초 보도한 언론사는 SBS였다. KBS는 SBS보다 하루 늦게 보도했다. 또한 챗GPT는 MBC보다 3일 늦게, 초전도체 논란은 SBS보다 이틀 늦게 보도했다. 다른 경제 전문 뉴스 등에서 먼저 다루거나 온라인 기사로 먼저 소화한 경우도 있지만, 메인 뉴스에서 무게감 있게 처음 소개하듯 리포트로 보도한 건 타사에 비해 비교적 늦은 셈이다. 간부들 입장에서는 KBS가 그만큼 보도에 '신중했다'라고 말할 수도 있겠지만, 당연하게도 이미 SNS나 커뮤니티에서는 훨씬 전부터 '불탄' 이슈이다.

이렇게 지상파 뉴스가 트렌드를 따라가지 못하는 상황이 이어지면서, 인터넷상에서는 '밈 사망 선고'라는 지상파 조롱이 일상화됐다. 최신 트렌드를 지상파에서 소개하면 이미 그 유행은 끝난 것이라는 서슬 퍼런 대중의 평가다. 작금의 이슈를 발 빠르게 따라가지 못하는 데는 구조적 문제도 있다. 어느 부서가 해당 이슈를 보도할지 정하는 과정도 녹록지 않다. 금융 사건이니까 경제부 재정금융팀이 담당해야 할까? 아니면 대형마트와 편의점 등에서 사용됐으니 경제부 유통팀의 아이템일까? IT 기술의 발전으로 만들어진 신종 서비스이니 과학 및 IT 관련 부서의 일일까? 근본적으로는 사기 사건이니 사회부 사건팀의 몫일 수도 있지 않을까? 간부 간의 갑론을박 끝에, 결국 금융감독원이 개입했다는 이유로 금융팀이 보도하기로 '가르마'가 타졌다. 타사에서는 전날부터 비중 있게 보도된 뉴스가 우여곡절 끝에 나가게 된 셈이다.

이처럼 최신 이슈에 민감하다는 기자도 이해하기 버거운 이슈가 이어지고, 어느 부서 담당인지도 아리송하고, 기사 가치가 있는지 없는지 판단하기 어려운 이슈는 앞으로 계속, 더 많이 발생할 것 같다. 그런데 사회의 변화 속도가 지금까지보다 더 빨라지지 않을까? 이러한 변화에 언론 소비자에게 세상을 보는 창이 되어야 한다는 언론사는 어떻게 대처해야 할까?

무엇보다 결정권을 지닌 간부급 기자가 최신 이슈에 더 민감해져야 할 것이다. 다른 정치, 사회, 경제 이슈 때문에 시간이 부족하다면 젊은 기자의 아이템 발제에 더 귀를 기울여야 하지 않을까? 후배 기자가 '선배, 초전도체 이슈 다뤄야 할 것 같지 않아요?'라고 물을 때, '초전도체는 또 뭐야?!'라고 되묻는 상황이 반복된다면, 해당 언론사는 '○○○에서 다뤘다면 이미 이슈가 끝난 것'이라는 대중의 냉소를 피할 수 없게 될 것이다. 김기화 기자는 머지포인트 사태를 보도하게 된 경위를 들으며 깊은 인상을 받았고, 이듬해인 2022년 KBS 신입사원 입사 시험 문제 출제위원이 되면서 이 이슈를 다뤄야겠다고 생각했다. 향후 방송 기자에게 새롭고 복잡한 이슈를 회사 간부와 시청자에게 어떻게 설명하며 중요한 이슈라고 설득할 수 있는지가 꼭 필요한 덕목이라고 생각했기 때문이다. 대략적인 시험 문제의 내용은 다음과 같다.

'머지포인트 사태'와 '단통법 개정안' 중 하나를 골라 어느 이슈가 더 9시 뉴스 리포트로 다루기 적절한지를 다각도로 설명하라.

제시된 두 가지 이슈 모두 KBS 9시 뉴스에 리포트로 보도됐기 때문에 실제로 어느 이슈가 더 중요하고 아닌지가 판단의 영역이 아니었다. 시험지에 두 이슈에 대한 연합뉴스 기사를 참고용으로 첨부했는데, 해당 내용을 얼마나 잘 이해하고 쉽게 설명할 수 있는지가 출제 포인트였다. 해당 시험을 보고 합격한 이들이 지금 KBS 기자로 보도 현장에서 활동하고 있다. 따라서 이들은 앞으로 어려운 첨단 이슈를 간부들에게 쉽고 자신감 있게 잘 설명할 수 있으리라 믿는다. 이제 필요한 건 선배 기자들이 후배 기자들에게 좀 더 귀를 열어 주는 것이다.

김 기자 코멘터리

〈댓읽기〉를 시작했을 때 선배 기자들에게 유튜브에서 '구독'과 '좋아요'를 좀 눌러 달라고 이야기하고 다녔다. 평소 가깝게 지내던 한 기자 선배에게도 이야기했는데, 그 선배 반응이 놀라웠다. '구독'과 '좋아요'를 어떻게 하는지 모른다고 했다. 지금이야 당시보다 유튜브가 대중화되었지만, 2018년만 해도 지금과는 상황이 달랐던 거다.

그럼에도 세상을 지배할 만한 일이 벌어지고 있는데, 나보다 경험도 많고 식견도 뛰어난 선배 기자들이 별 관심이 없을 수도 있다는 걸 그때 깨달았다. 나를 포함한 젊은 기자들이 선배 기자들보다 선견지명이 있거나 더 많은 정보와 지식을 잘 안다는 게 아니다. 관심사가 다변화되는 시대가 도래했고, 새로운 기술은 숨 쉴 틈 없이 쏟아져 나오고 있는데, 기존 언론은 이를 품을 준비가 아직 되지 않았다는 현실을 강조하고 싶은 것이다.

국민 가수 혹은 국민 드라마라는 표현이 사라진 시대이다. 각자 자기만의 소중한 유튜버, 숨듣명(숨어 듣는 명곡), OTT 드라마가 섬세하게 개인의 취향에 따라 추천되는 지금이다. 이런 때에 KBS라는 언론사는 존망의 위기를 염두에 두고 최대한 시대와 다양한 취향에 발맞추도록 노력해야 한다고 생각한다.

2023년 11월 19일 한국에서 치러진 컴퓨터 게임 리그오브레전드 세계 대회인 롤드컵에서 세계 최고의 미드라이너 '페이커' 이상혁 선수가 속한 한국 팀 T1이 중국 팀 웨이보를 꺾고 7년 만에 우승컵을 들어 올렸다. 전 세계 동시 시청자 수가 1억 명을 넘던 그날의 결승전은 젊은 층에는 그야말로 최대 이슈였다. 방송 3사 메인 뉴스 중에서 해당 소식을 SBS는 네 번째 아이템이자 광화문 응원 현장 생중계로 다뤘고, MBC는 아홉 번째 리포트로 처리했다. 이에 비해 KBS 9시 뉴스에서는 열여덟 번째인 스포츠 뉴스의 마지막 꼭지로 다뤘다. KBS가 3사 중에서는 가장 덜 중요한 비중으로 보도한 셈이다.

KBS가 젊은 층이 소구하고 소비하는 뉴스를 만들고 싶다면 청년 실업이나 청년 노동자, 집값에 대한 이슈를 짚는 것도 중요하겠지만, 파격적으로 청년의 취향을 반영한 보도와 편성을 하는 것도 필요하다. 시청자가 'KBS가 이런 걸?'이라고 생각할 정도로 신선한 충격이 담긴 시도를 반복하며, 이를 위한 공부와 교류를 게을리하지 않아야 앞으로 'KBS는 노잼 방송'이라는 오명에서 벗어날 수 있을 것이다.

사건의 플레이어

▶ 마음이 아픕니다. 고인의 명복을 빕니다. 기사 너머 이야기를 알게 되었고, 언론과 경찰 그리고 여론의 상호 작용이 많은 걸 바꿀 수 있다는 걸 깨닫습니다.

기자가 중학생 살인 사건의 현장을 공개하겠다는 유족의 연락을 받고 현장에 도착했다. 사건 현장인 집에 있는 피해자의 방 곳곳에 식용유가 뿌려져 있고 가재도구가 어지럽게 흩어져 있다. 살해당한 중학생이 저항한 흔적이다. 취재 현장에 도착했으니 일단 촬영 기자와 함께 현장의 상황을 카메라에 담았다. 하지만 이 영상을 그대로 내보낼 수는 없다. 살인 현장 영상 공개는 늘 조심스럽다. 시청자가 살인 현장을 목격하는 데서 받는 충격이 있을 수도 있고, 피해자와 가족의 신상이 노출되거나 그로 인한 2차 피해로 이어질 가능성도 크기 때문이다.

그런데 경찰은 범행이 '충분히 잔인하지 않다'라며 피의자 신상 공개를 미루고만 있었다. 보도국 내부에서는 경찰이 사안을 축소하려는 것 아니냐는 의심이 파다했다. 그런 때 현장 영상을 공개해서 이 사안에 대한 대중의 관심을 높여 신상 공개에 대한 대중의 의견이 적극 반영되어야 한다는 주장이 나온다. 일각에서는 언론의 판단으로 현장을 공개하는 건 '선'을 넘는 것이라고, 신상 공개 여부는 전적으로 경찰이 판단할 사안으로, 언론은 철저히 관찰자로서 사안에 관여해서는 안 된다고 주장한다. 기자는 어떻게 판단할 수 있을까? 어떻게 판단해야만 할까?

2021년 7월 18일, 제주 조천읍에 있는 한 주택에서 16살 중학생이 살해된 채 발견되었다. 범인은 학생 모친의 전 남자 친구 백광석과 백 씨의 친구 김시남이었다. 피해 학생의 모친이 헤어지자고 말한 데 앙심을 품었다는 게 범행 동기였다. 모친을 해하려고 집으로 찾아갔다가, 집에 혼자 있던 중학생 아들을 '대신' 사망케 한 것이다. KBS 문준영 기자는 사건 직후 촬영 기자와 함께 현장에 가서 중학생 아들이 숨진 방을 유족의 동의하에 카메라에 담았다.

이 사건은 단순 살인 사건이 아니었다. 경찰의 무사안일이 빚은 참극이었다. 문 기자는 이 참극의 원인 중 하나로 '경찰이 백광석 검거에 적극적으로 나서지 않았다'라는 점을 들었다. 백광석과 김시남은 각각 전과 10범이다. 둘이 합쳐 전과가 20범인데, 대부분 강간 상해, 보복 범죄 등 강력 범죄 전과였다. 전과 10범인 백광석은 피해자의 모친과 동거하며 상습적으로 폭력을 가하여 2021년 6월에도 신고가 접수되었다. 별거 이후 7월 2일에도 집에 침입하여 피해자 모친의 목을 조르고 휴대전화를 들고 도주한 바 있다. 피해자의 모친은 이후에도 누군가 가스 배관을 잘라 두거나 수차례 집에 침입한 흔적을 발견해 경찰에 세 차례나 더 신고했다. 하지만 경찰은 이 모든 범죄가 백광석의 소행이라는 사실을 인지하고도 백 씨의 신변을 확보하지 않았다. 경찰서로 출두하라는 출석요구서만 두 번 보냈을 뿐이다. 백광석은 그 뒤로 2주가 지난 시점에 피해자의 집에 침입해 살해했다. 문준영 기자가 이 사건을 막을 수 있던 죽음이었고, 경찰의 무사안일이 빚은 참극이라고 보는 이유다.

경찰의 무능은 여기서 그치지 않았다. 그렇게 신고가 이어지던 7월 초에 피해자의 모친은 신변 보호 대상자로 등록되었다. 신변 보호 대상자에게는 유사시 긴급 호출이 가능한 스마트워치를 지급하도록 되어 있다. 하지만 그녀는 신변 보호 대상자로 등록된 날, 스마트워치를 받지 못했다. 재고가 없다는 이유에서였다. 경찰은 이후 기자회견에서 당시 스마트워치를 왜 지급하지 않았느냐는 기자들의 질문에 재고가 없었고, 예산이 부족했다고 설명했다.

하지만 문 기자의 취재 결과, 피해자의 모친이 스마트워치 재고가 없다고 돌아간 바로 다음 날인 6일에 여분의 스마트워치가 경찰서로 들어왔다. 신변 보호 대상자로 등록된 건 7월 5일, 사건이 벌어진 건 2주 뒤인 18일이었다. 그러니 6일부터는 스마트워치 재고가 있었는데, 모친에게 알리지도 않고 경찰서 창고에 넣어 둔 채 2주를 허비하다가 참변이 발생한 것이다. 피해자의 집과 경찰서의 거리는 불과 900m, 만약 피해자가 스마트워치를 갖고 있다가 백광석과 김시남이 침입했을 때 활용했다면 사건을 막았을 수도 있다. 최소한 더 신속하게 응급조치할 수 있던 상황이다. 〈댓읽기〉 댓글 창은 분노로 가득 찼다.

➤ 제주동부경찰서 담당자의 직무 태만으로밖에 보이지 않는 사건이네요. 사건 전과 당일의 여러 정황으로 보아 충분히 예견된 사건으로 보입니다.

➤ 스마트워치가 당장 없었다면, 대체재라도 구해 줬어야 한다.

이렇게 경찰의 부실 대응이 논란이 된 가운데, 경찰은 백광석과 김기남의 신상 공개를 하지 않겠다는 입장을 밝혔다. 그 이유로 경찰은 '신상 공개를 할 만큼 사건이 잔인하지 않다', '신상 공개가 공공의 이익에 부합하지 않는다'라고 전했다. 경찰의 신상 공개 불가 결정에 피해자의 유족은 오열했다. 유족은 사건이 충분히 잔인하지 않다는 경찰의 말도 이해할 수 없었다.

피해자의 모친을 비롯한 유족은 살해 현장을 취재한 문 기자에게 현장 영상 공개에 동의한다는 의사를 밝혔다. 이례적인 일이었다. 일반적으로 이런 경우에 유족은 현장 공개를 원치 않는다. 그 자체가 본인들에게 충격적이기도 하거니와 고인에 대한 예의가 아니라고 생각하는 경우가 많기 때문이다. 그러나 피해자의 모친은 "아들이 나 대신 죽은 것이나 마찬가지이기 때문에 두 악마에게 제대로 된 처벌이 내려지게 하기 위해서는 무엇이든 하겠다."라고 말했다.

➢ 신상 공개 위원회를 열지도 않았다는 데 정말 기가 막히네요. 언론의 순기능이 큰 도움이 되었네요!

➢ 언론의 어젠다 세팅이 좋았다는 느낌을 오랜만에 받았습니다.

▸▸ 언론 윤리와 사회적 파장, 그리고 유족의 정신적 충격까지 고려해야 하지만 그중 무엇이 '지금', '여기서' 중요한지를 언론 스스로 가늠하고, 판단하고, 유족의 동의하에 보도가 이뤄져야 한다고 생각합니다. 언론이 어느 하나의 가치에 너무 매달리면 정작 중요한 것을 놓칠 수 있기 때문입니다. 정답은 없습니다. 하지만 매번 최선을 다해 취재하고 고민하고 판단해야겠지요.

이 사건을 취재한 문준영 기자는 경찰이 신상정보 공개 심의위원회를 열지도 않았다는 점이 가장 큰 문제였다고 봤다. 신상 공개를 할지 말지 판단하기 전에, 경찰이 자의적으로 이를 막아 버린 셈이었다. 의도가 있었을지, 있었다면 어떤 의도였는지는 알 수 없다. 문 기자는 결국 사건 예방에 실패한 경찰의 무능함과 성인 남성 둘이 집에 혼자 있던 중학생을 살해한 사건의 잔혹성 그리고 유족의 현장 공개 의지를 고려하여 사건 현장 영상을 보도하기로 한다.

여론이 들끓기 시작했다. 타 언론사들도 이 사건을 더 적극적으로 보도하기 시작했다. 제주 경찰은 언론 보도가 이어지고 신상 공개에 대한 압박이 높아지자, 주말에 긴급회의를 진행했다. 회의 결과, 범행이 우발적이 아니라 계획적이었다는 증거가 추가로 수집되었다. 그리고 국민적 관심이 높아졌다는 이유로 신상정보 공개 심의위원회를 다시 열기로 했다. 백광석과 김시남의 신상 공개가 결정되었고, 이듬해인 2022년 8월 각각 징역 30년과 27년의 판결이 확정되었다.

▶ 여론이 들끓어야 신상을 공개하는 게 답답하다!

▶ 피해자가 눈물로 호소해서 여론이 형성되어야, 수사가 움직이는 거 지겹다!

신상 공개는 국민의 알 권리만을 위한 것이 아니다. 피해자 유족을 위한 것이기도 하다. 피해자의 모친은 KBS와의 인터뷰에서 '백광식이 출소하면 다시 나에게 해코지할 수 있다. 그래서 주변 사람들이 그의 신상을 아는 편이 더 안전하다고 느낀다'라며 신상 공개의 필요성을 역설했다. 강력 사건의 피해자는 사건 이후에도 수십 년 동안 트라우마에 시달리기도 한다. 더불어 신상 공개는 동종 범죄가 또다시 발생하지 않도록 사회적 경종을 울리는 효과도 있다.

피의자의 인권 침해와 피의자 가족의 2차 피해 등을 우려해 신상 공개는 신중을 기해야 한다. 이 때문에 신상정보 공개 심의위원회까지 진행하는 것이다. 하지만 이 사건에서 제주 경찰은 무슨 이유에서인지 해당 사건에 대한 신상 공개의 필요성을 공개적으로 따져 보지도 않고 비공개 결정을 내렸다.

이 사건은 '언론이 사건에 어디까지 개입할 수 있는가?'라는 화두를 상기시킨다. 언론이 사건에 적극적으로 개입한 유명한 사례로 2017년 최순실 국정 농단 취재가 한창이던 당시 JTBC의 보도를 들 수 있다. 당시 JTBC 기자는 덴마크에서 불법 체류하던 정유라 씨를 현지 교민의 도움으로 찾아내 현지 경찰에 신고했고, JTBC는 이 과정을 취재해 보도했다. 이러한 과정과 보도가 보도 윤리를 어긴 것인지에 대해 당시에도 많은 논란이 있었다. 기자가 사건에 적극적으로 개입해 한 명의 '플레이어'로 등장하면, 취재 과정과 결과가 오염될 것이라는 근엄한 원칙주의부터 JTBC의 성과를 깎아내리려는 타사 기자들의 질투와 모함에 불과하다는 조롱까지 다양한 주장이 오갔다. 정답이 나오진 않았지만, 언론인으로서 사건에 플레이어가 되는 것은 고민해 봄 직한 화두다.

언론은 취재하는 사건에 크든 작든 개입하고 있다. 정도의 차이가 있을 뿐이다. 그리고 어떤 식으로든 개입할 수밖에 없다. 취재원에게 어떤 질문을 어떤 톤으로 던지느냐에 따라 그에게서 나오는 대답이 달라진다. 같은 대답도 어떻게 편집해서 배치하느냐에 따라 전혀 다른 뉘앙스를 풍기게 할 수도 있다. 기자가 취재한다는 것 자체가 누군가에겐 부담이 되고, 압박이 되어 사건의 양상이 바뀌는 경우도 허다하다. 더 나아가 특정 사건을 보도할 것인지 혹은 보도하지 않을지도 기자가 결정한다.

그러니 기자가 100% 관찰자 역할을 할 수 있다는 주장은 어쩌면 판타지에 가깝다. 오히려 현실에서는 지나치게 적극적으로 개입하는 경우가 많다. 검찰에서 의도적으로 흘려 주는 정보를 받아쓰는 법조 기사, 정부에서 내놓을 정책에 대한 국민 여론을 간 보기 위해 흘려 주는 정책 기사, 국정감사 직전에 해당 국회의원이 질의하기 전에 분위기를 띄우고자 흘려 주는 국감 기사 등이 그렇다. 장기판의 말로 활용되고 있는 기자가 많다. 그런 기자가 객관적이고 공정한 기사를 쓸 수 있을 리 없고, 그렇게 괴물이 된 선배들을 우리는 무수히 봐 왔다.

언론은 이미 많은 사건에 주요 플레이어로 뛰고 있다. 기자가 개입할 수 없는 기사는 날씨 기사 정도일 것이다. 그래서 기자라면 습관적으로 사건에 개입 여부를 되묻고 검토하여 보도해야 한다. 살인 현장의 화면을 공개할지 여부를 고민한 문준영 기자처럼. 자신이 맡은 취재 분야에서 적절한 플레이어로 뛸지, 과도하게 개입하는 플레이어가 되어 장기판의 말처럼 이리저리 옮겨질지, 기자가 선택해야 한다.

김 기자 코멘터리

서울이 아닌 지역의 KBS 기자가 〈댓읽기〉에 출연하는 경우가 종종 있다. 거리의 제약 때문에 온라인 화상 연결로 출연을 갈음하곤 했다. 아무래도 현장 출연보다는 집중도가 떨어진다. 약간의 시차가 있기 때문에 실시간으로 출연 기자들과 티키타카가 어렵고 영상도 얼굴 정면 샷밖에 없기 때문에 자칫 밋밋하게 보일 수 있다. 취재 기자가 취재하며 느낀 감정도 제대로 전달되기 어렵다.

하지만 문준영 기자의 줌 연결은 차고 넘친 기억이다. 출연 막바지에 해당 사건을 취재하면서 기자로서 어떤 걸 느꼈느냐는 질문에 문 기자는 "취재 과정 내내 마음이 너무 아팠다. 너무나 끔찍한 이야기를 나누다 보니 피해자의 어머니와 같이 울기도 했다."라며 말을 잇지 못했다. 문 기자의 무거운 마음이 화면 너머로 전해지는 듯했다.

해당 방송은 사건의 잔인성보다 제주 경찰의 무능과 무책임을 드러내는 데 초점을 맞췄다. 그래야 구조적이고 제도적인 변화를 촉구할 수 있다고 믿었기 때문이다.

기사화는 많이 되지 않았지만, 주범인 백광석은 구속된 상태에서 벽에 머리를 찧는 방식으로 자해 소동까지 벌였다. 피가 날 정도로 계속된 자해 소동에 119 구급대가 출동할 정도였다. 그런데 제주동부

경찰서 지휘부는 치료를 받고 유치장에 재수감이 된 백광석 옆에 소속 경찰을 비무장 상태로 함께 입감시켰다. '최근접 관리를 하라'라는 지시에 따른 것이었다는데, 경찰직협민주협의회는 '살인범은 편안히 잠을 자고, 경찰은 옆에 앉아 지켜보는 해괴한 장면이 연출됐다', '유치장 안에 던져진 우리 동료의 울분과 비참함을 감히 상상할 수 없다'라며 반발했다.

아무리 경찰이라고 해도 살인 피의자와 한방에서 지내며 감시하라는 지시는 이해하기 어렵다. 이 같은 상황이 알려지고 여론이 다시 들끓자 제주동부경찰서는 백 씨 관리 방식을 변경했다. 유치장 내부가 아닌 외부에 경찰을 배치해 관리한 것이다. 이래저래 제주 경찰의 문제점이 적나라하게 드러난 사건이 아닐 수 없다.

〈댓읽기〉 비하인드

〈댓읽기〉 구성원은 좌절하거나 무력감을 느낄 때 어떻게 극복하고 다음 단계로 나아가나요? 그리고 〈댓읽기〉에 관해 상사가 그런 쓸데없는 짓 하지 말라고 이야기하거나 눈치 주는 경우는 없었나요?

〈댓읽기〉는 자발적 참여가 운영에 핵심인 프로그램이다. 구성원 중 누구도 남의 지시로 이 방송에 참여하지 않았다. 지금까지 〈댓읽기〉에 참여한 KBS 직원 모두 자발적이었다. 회사 간부가 지시해서 만든 콘텐츠가 아니라 기자들의 의기투합으로 굴러가는 유튜브 소통 콘텐츠가 5년 넘게 유지됐었다는 점은 참으로 놀라운 일이다.

이는 〈댓읽기〉 구성원의 의지가 꺾이거나 열정이 식어서 〈댓읽기〉 제작을 멈춘대도 사내에서 이를 트집 잡을 간부가 딱히 없다는 의미기도 하다. 그래서 이 방송 구성원은 누군가에게 칭찬받거나 혼나지 않기 위해서가 아니라 오직 좋은 콘텐츠를 만들어 구독자를 즐겁게 하려는 목적으로 매주 촬영과 편집, 업로드를 이어 왔다.

직장 상사로부터 그런 쓸데없는 짓 하지 말라는 얘기를 왜 들은 적이 없겠는가? 재밌는 건 〈댓읽기〉를 그만하라고 조언하는 선배들은 〈댓읽기〉 구성원을 진심으로 위하고 걱정하였다는 점이다. 그들은 '유튜브나 뉴미디어는 그만큼 했으면 됐고, 취재 부서에 가서 취재 경험을 더 쌓고 인맥도 넓혀야 좋은 기자가 되고 후배들과도 좋은 관계를 이룰 수 있지 않겠느냐'라고 진심으로 충고했다. 일견 맞는 말이도 했다. 〈댓읽기〉 구성원은 선배들의 말대로 해야 하나 하고 진지하게 고민하기도 했다. 하지만 취재 기자로 뛰어난 사람이야 많지만, 〈댓읽기〉로 대표되는 저널리즘 실험과 뉴미디어에서의 도전은 이 방송의 구성원이 비교적 더 잘할 수 있지 않을까? 이런 생각으로 〈댓읽기〉라는 끈을 놓지 않고 있었던 것이다.

어떤 선배 기자는 유튜브의 파급력을 과소평가하기도 했다. 김기화 기자가 평소 친하게 지내던 선배 기자와 고기를 구워 먹고 있었는데, 선배가 취재 부서로 갈 것을 추천했다. "기화야, 너도 이제 아무도 모르는 유튜브 같은 작은 연못 말고, TV 뉴스에 다시 나와서 큰물에서 뛰어야지."라며 말이다. 김 기자는 자기를 아끼는 마음에 선배가 하는 이야기인 걸 알기에 고개를 주억거리며 우물우물 고기를 씹고 있는데, 고깃집 사장님이 말을 걸었다. "〈댓읽기〉 김기화 기자님이시죠? 잘 보고 있습니다!"라고. 적절한 타이밍에 구독자가 인사하는 모습을 보고 선배 기자는 너털웃음을 터뜨렸다. 충고해 주는 선배 기자도 있었지만, 〈댓읽기〉를 험담하는 선배도 많았다. 대부분 정치적으로 편향되었다거나, 경박하다거나, 상스럽다는 주장인데, 제대로 방송을 본 적도 없이 하는 인상 비평에 불과한 경우가 많았다.

〈댓읽기〉에 대해서 KBS 내부의 비호감 혹은 비협조 혹은 방해가 없지 않았다. 이에 〈댓읽기〉는 다음과 같은 나름의 두 가지 운영 원칙을 세웠다.

첫째, 한 주도 빼놓지 않고 업로드하려 노력했다. 천재가 아닌 사람이 세상에 뭔가 조그마한 성과라도 낼 수 있는 방법은 오직 하나, '꾸준함을 유지하는 것뿐'이라는 김기화 기자의 평소 가치관에서 비롯됐다. 그는 자신에게 휴가 좀 다녀오라는 구독자에게 늘 '〈댓읽기〉는 자전거와 같아서 멈추면 넘어진다'라고 전하곤 했다. 한 주도 멈추지 않고 원래 매주 하는 방송이라는 인식이 〈댓읽기〉가 사내외로 자리 잡게 하는 데 꼭 필요했다. 〈댓읽기〉가 시작한 지 5년이 지났고 그동안 쌓인 영상 개수가 800개를 넘는다. 1년에 영상 160개꼴이니 이틀에 하나씩 영상을 올린 셈이다. 쉬고 싶고, 여행 가고 싶을 때 이 악물고 영상을 올리다 보니 익숙해졌고 그러다 보니 콘텐츠도 풍성해졌고, 구독자도 쌓이고, 사내에서 입지도 다져진 것일 거다.

〈댓읽기〉의 두 번째 원칙은 이 방송에 위기가 올 때마다 강조되었다. 바로 '강한 자가 살아남는 게 아니라 살아남는 자가 강한 것'이었다. 영화 〈황산벌〉의 명대사다. 평소 〈댓읽기〉에 대한 반발이 일상적으로 대하는 가랑비였다면, 이 책에도 차마 담지 못한 몇몇 민감하고 폭발적이던 사건은 거대한 해일과 같이 〈댓읽기〉를 덮쳤다. 김기화 기자와 오귀나 PD의 얼굴이 흙빛이 되어 사과 방송을 한 적도 있고, 출연 기자들이 침통한 표정으로 이도 저도 아닌 말을 주워섬기며 나쁜 시기가 지나가기만을 기다린 적도 있다.

사내외 여러 사정으로 인해 이 말도 저 말도 할 수 없는 상황에서 방송을 업로드해야 할 때, 〈댓읽기〉 구성원의 심경은 정말 괴로웠다. 구성원 중 일부는 강하게 나가자고 했고, 비겁해 보일 수 있다는 걱정도 있었지만, 김기화 기자는 매번 '생존'을 가장 중요한 가치로 삼고 판단했다. 그도 속 시원하게 털어놓고 다 폭파해 버리고 싶은 마음이 없었겠는가. 하지만 〈댓읽기〉라는 채널, 플랫폼, 해방구를 유지하는 게 이 방송의 기획자인 그에겐 무엇보다 중요했다. 살아남아야 뭐라도 할 것 아닌가! 그래서 백 보 양보하고 사과하고 헤헤 웃으며 버텨 왔었다.

〈댓읽기〉만이 아니라, 누구든 어려움을 겪을 수 있다. 특히 무언가를 만들려고 할 때 주위의 험담이나 방해에 고통받는 이들은 다음을 기억해 보자. 소설 《반지의 제왕》의 원작자로 유명한 J.R.R. 톨킨의 책에서 자주 등장하는 주제는 '악은 새로운 것을 창조할 수 없고 선한 세력이 쌓아 올린 것을 부패시키고 망치기만 한다'라는 것이다. 나를 진정으로 걱정하는 사람은 나를 만나서 얘기한다. 나를 험담하는 사람은 나를 진심으로 대하지 않는 사람이다. 본인의 콘텐츠에 대해 진심이 아닌 다른 사람의 험담에 귀 기울일 시간에 더 멋진 콘텐츠를 만들면 된다. 욕하는 사람은 계속 남 욕으로 본인의 시간을 채울 것이다. 그와 상관없이 꾸준히 뭔가를 만들어 내면 된다. 이것이 〈댓읽기〉와 김기화 기자가 타력에 의한 무력감을 극복해 온 방법이었다.

PART 4

취재와 인터뷰

원전 취재에 대한 일본 기자의 귀띔

> ▸ 한국에서 원전이 터졌으면, 일본은 깐깐하게 한국의 원전 처리를 감시하고 조금이라도 잘못하면 국제 사회에서 문제 삼고 난리 쳤을 텐데. 우리도 일본의 감시자 역할을 할 필요가 있어요!

후쿠시마 원전 오염수 문제는 〈댓읽기〉에서 다룰 때마다 높은 조회 수를 기록했다. 그만큼 사회적으로 관심사이자, 할 이야기가 많은 사안이기 때문이다. 후쿠시마 원전 오염수에 대한 국민적 우려가 높은 상황에서 후쿠시마산 우럭(조피볼락)에서 방사능 물질인 세슘이 기준치의 다섯 배 이상인 1킬로그램당 500베크렐이 검출됐다는 기사가 화제가 되었다.

한국 정부와 일본 정부는 방사능 물질 허용 기준치를 1킬로그램당 100베크렐로 규정하고 있다. 기사에는 나오지 않았지만, 후쿠시마현은 원전 피해에 대한 자구 노력의 일환으로 자체적 기준치를 1킬로그램당 50베크렐로 정했다. 그러니 후쿠시마현 기준으로는 기준치의 10배가 넘는 수치라는 의미다. 2021년 당시 KBS 도쿄 특파원이던 황현택 기자는 후쿠시마 원전 오염수를 취재하여 보도했고, 해당 기사에 오염수의 위험을 걱정하고 일본에 분노하는 내용의 댓글이 다수 달렸다.

> 자기네서 나온 오염이 심각한 쓰레기를 누구 보고 뒤집어쓰라는 겁니까? 바다는 인류의 공동 재산입니다. 자기만의 것처럼 행동하지 마세요! 인류의 건강이 달린 문제가 아닙니까?!

> 주변국은 엿 먹으라는 건데, 이 정도면 적국이라고 봐야지.

불안을 담은 댓글들에 황현택 기자의 설명이 이어졌다. 일본 정부의 발표에 따르면, 해당 우럭이 잡힌 후쿠시마 연안 자체 방사능 수치는 이렇게 높지 않다고 한다. 이번에 포획된 우럭의 수치가 기준치의 다섯 배가 넘는 이유는 아직 밝혀지지 않았다. 다만, 후쿠시마현 제1원자력 발전소 바로 앞에 있는 항만 그러니까 방사능에 고도로 오염된 바다에서 살던 우럭이 먼바다로 빠져나왔다가 잡힌 것이라고 추정할 뿐이다.

후쿠시마 원전 앞 항만에는 방사능에 오염된 물고기들이 먼바다로 빠져나가지 못하도록 차단하는 그물이 처져 있는

데, 그 그물이 낡거나 끊어져 물고기의 왕래가 자유로워진 것 같다는(사실상 오염 어류 차단 그물이 무력화되었다는) 무서운 추측이었다. 후쿠시마 원전 앞 항만에서 900베크렐, 즉 기준치의 아홉 배가 넘는 수치의 물고기가 잡힌 적도 있으니, 그물이 무력화됐다면 그런 물고기들이 자유롭게 연안 바다로 나와 잡히거나, 그 물고기를 잡아먹은 다른 물고기가 잡힐 가능성이 높다는 것이다.

> 우럭이 오염됐다면 같은 물에서 다른 물고기들도 오염됐을 텐데.

> 우럭만 출하 금지라니? 다른 어종도 똑같이 금지해야 하는 게 상식적으로 맞는 거 아닌가?

후쿠시마에서 잡히는 어종은 44종이다. 그중에서 우럭만 출하와 판매가 금지되고, 나머지 43개 어종은 정상 유통되는 상황에 대해 걱정하는 댓글이 눈에 많이 띄었다. 하지만 당시 일본 정부는 대수롭지 않다는 반응으로, 문제의 우럭이 후쿠시마 제1원전 주변 해역을 드나들었을 가능성을 언급하며 다른 어종과 관계없는 '특이한 사례'라고 주장했다. '펀쿨섹좌(고이즈미 신이치로가 2019년 9월경 환경 대신 취임 직후 유엔 기후 행동 정상 회의에서 "기후 변화 문제는 Fun 하고 Cool 하고 Sexy 하게 대처해야 한다."라고 발언한 데서 유래한 표현)'로 유명한 고이즈미 신이치로 일본 환경 대신은 "일본 식품에 대해 근거 없이 애꿎은 피해를 줘서는 안 됩니다. 과학적으로 판단해 주길 바랍니다."라며 문제를 축소하기에 급급했다. 황현택 기자가 도쿄 특파원으로 일본 정부에 가장 깊이 문제점을 느낀 대목이기도 했다. 〈댓읽기〉 댓글 창에도 일본 정부의 소극적 태도를 비판하는 댓글이 많이 달렸다.

> 방사능 계속 쉬쉬해서 답이 없다. 정부가 이 악물고 묻어 버리는 중이지!

> 일본 저들은 저리 덮기 급급한데, 우리나라는 과연! 괜찮을까?

일본 정부는 후쿠시마 원전 오염수에 대해서 오염수라는 표현 대신 '정화수'라는 표현을 쓴다. 일본 정부는 원전 오염수를 알프스(ALPS: Advanced Liquid Processing System, 후쿠시마 원자력 발전소 사고에 대처하기 위해 2012년 10월 도시바가 개발한 설비)라는 장비에 통과시킨 뒤에 저장 및 방류할 계획이라고 했다. 일본 정부는 이를 '오염수'가 아닌 '알프스 처리수'라고 한다. 오염 이미지를 최소화하기 위한 전략이다. 하지만 도쿄전력에서 공개한 문서에 따르면 그 '정화수' 혹은 '알프스 처리

수'의 83%에는 세슘과 요오드 같은 방사성 물질이 기준치 이상 함유되어 있다. 정화 처리했지만, 여전히 오염수인 셈이다.

황현택 기자는 일본 언론에 대한 흥미로운 에피소드도 전했다. 후쿠시마 원전 사고 10주년을 맞아 황 기자는 후쿠시마 현장 취재를 기획했다. 이를 알게 된 후쿠시마 근무 경력이 있는 일본인 기자가 황 기자에게 후쿠시마에 가서 꼭 취재해야 할 포인트 몇 군데를 짚어 주었다고 한다. 그는 그동안 일본 정부가 은폐하거나 혹은 성과를 과장되게 발표한 내용을 뒤집을 수 있는 현장 몇 곳을 취재하면 좋을 거라고 알려 주었다. 국가를 넘어선 언론인의 책임과 애환을 느낄 수 있는 에피소드다.

▶ 잘 들었습니다~ 일본 외신 기자님에게도 감사하고, 〈댓읽기〉 기자님들의 보도에도 감사드려요.

대댓글 **댓글 읽어주는 기자들**

▶▶ 우리도 우리지만 일본 내부에도 후쿠시마 문제에 대한 대책에 답답해하는 언론인이 많은 것 같습니다. 같은 언론인으로서 이 문제를 함께 해결할 계기를 만들 수도 있지 않을까요?

기자 개개인이 정의롭고 용기 있더라도, 특정 사안을 해당 언론사의 이름을 걸고 보도하느냐 마느냐에 기자 개인 결정이 적용되기는 어렵다. 이른바 '어른의 사정'이라는 게 있을 때도 있고, 이성적으로는 보도하는 게 적절하지만, 감성적으로 미룰 수밖에 없는 경우도 있다. 언론인이라면 그런 고민과 선택의 갈림길에 서게 되는 경우가 왕왕 있는데, 그럴 때 유용한 방법이 바로 타 언론사에 해당 아이템을 넘겨주는 것이다. 이를 언론계에서는 '토스한다'라고 표현한다. 기자 사이에 종종 있는 일이다.

일본 기자가 황현택 기자에게 해당 내용을 토스한 이유는 언론사 데스크의 압박이나 정부와의 관계 때문도 있었을 것이다. 더불어 후쿠시마 원전에 대한 비판적 보도는 인근 주민의 생계를 더욱 곤란하게 할 수도 있어서, 일본 기자라면 함부로 보도하기 어려운 분위기가 있다고 했다. 같은 언론인으로서 어느 정도 이해할 수 있다. 한국 기자에게도 유사한 경험이 있을 수 있는데, 〈댓읽기〉의 김기화 기자는 후쿠시마 원전과 해산물 오염에 관한 리포트를 취재하기 위해 노량진 수산시장을 찾은 적 있다. 우리 국민의 일본산 해산물에 대한 불안감이나 우리나라 수산시장에는 어떤 피해가 있는지를 취재하기 위해 수산시장 상인들을 만난 것이다.

하지만 상인들은 취재의 목적과 상관없이 김 기자에게 반감을 드러냈다. 상인들은 어떤 내용이나 방향으로 보도되는 것이든 보도하는 것 자체가 싫다고 입을 모았다. 당시 김 기자에게 험한 말을 하면서까지 반발하는 상인도 있었다. 김 기자에게는 기자가 알량한 정의감이나 직업적 의무감으로, 혹은 하루 일감으로 때우려 하는 보도가 누군가에게는 생계가 걸린 문제일 수 있을 테니, 아무리 중요한 내용의 보도라도 선의의 피해자를 낳을 수 있는 가능성을 생각하고, 이를 어떻게 하면 최소화할 수 있을지, 배려할 수 있을지를 고민해야 함을 재차 생각하는 계기가 되었다.

황현택 기자에 따르면 후쿠시마 방사선 농도를 측정하는 선량계를 들고 방호복을 입은 취재진이 돌아다니면 그곳 주민이 그렇게 싫어했다고 한다. 후쿠시마 주민도 어쩔 수 없어서 그곳에 살고 있는데, 외부 사람이 자꾸 와서 불안하고, 아직 오염되어 있다고 계속 보도되면 해당 지역에 대한 세간의 평가가 깎인다는 반응이다. 일본에서는 이를 '풍평피해(風評被害)'라고 한다.

하지만 기자는 '언론 보도가 풍평피해를 조장한다'라는 주민의 볼멘소리에만 매몰되어서는 안 된다. 어떤 것이 진정으로 주민을 위하는 것인지 냉정하게 판단하고 보도해야 한다. 황현택 기자는 문제점을 은폐하려는 일본 정부의 행태에 언론이 동조하는 것은 진정으로 후쿠시마 주민을 위한 길이 아니라고 잘라서 말했다. 그는 오히려 해당 지역의 상황을 투명하게, 사실대로 알려서 일본 정부가 제대로 된 대책을 세우도록 하는 게 후쿠시마 주민을 진정으로 위하는 것이라고 했다.

후쿠시마 제1원전의 운용사인 도쿄전력의 판단은 황 기자와는 달랐다. 도쿄전력은 은폐를 택했다. 2021년 2월 13일 밤 11시 후쿠시마 인근 해역에서 규모 7.3의 강진이 발생했다. 도쿄에 있던 황 기자도 심한 흔들림을 느꼈다. 당시 일본에서 지진을 겪고, 뉴스로 접한 사람이라면 후쿠시마 원전 상황을 우려할 수밖에 없었을 것이다. 이와 관련해 일본의 원자력 규제 기관인 원자력 규제 위원회가 도쿄전력에 다양한 질문을 던졌다. 오염수는 제대로 관리되고 있는지, 방사성 물질의 유출은 없었는지. 이에 대한 질의응답 과정에서 그동안 도쿄전력이 원전 관리를 허술하게 해 왔고 나아가 이를 적극적으로 숨겨 왔다는 사실이 '우연히' 드러났다.

후쿠시마 제1원전 1호기와 3호기 원자로 건물에 설치한 지진계가 고장 나 있었다. 정확히는 도쿄전력이 폭우 등으로 인해 고장 난 지진계들을 수리하지 않고 방치해 둔 것이었다. 더불어 후쿠시마 원전 내 중요 지역에서 방사성 물질의 외부 유출을 확인하는 '오염 모니터'도 고장 나 있었기 때문에, 당시 지진 데이터를 기록하지도 못했다. 이 어처구니없는 사실은 '지진 피해 상황 보고'를 하는 자리에서 원자력 규제 위원회의 위원이 지진계 관련 질문을 던지고 이를 해명하는 과정에서 드러났다. 이 내용은 보고서에도 포함돼 있지 않았으며 지진 이후에 일주일 동안 수차례의 기자회견에서조차 밝혀지지 않았던 도쿄전력의 실책이다. 더불어 일본 정부는 쌓여만 가는 후쿠시마 오염수 130만여 톤을 알프스 정화 처리를 한 번 더 거쳐서 해양 방류하겠다는 입장을 고수했다. 결국 2021년부터 2년간 IAEA로부터 해양 방류 계획에 대한 안전성을 검증받았다며, 도쿄전력은 2023년 8월 24일에 후쿠시마 오염수 방류를 시작했다.

2021년 3월까지 쌓인 오염수가 130만 톤이었는데, 본격적인 폐로 작업, 다시 말해 원전을 해체하는 작업을 진행하면 해가 갈수록 방류하는 오염수의 양은 계속 늘 것이다. 오염수 탱크를 더 준비해서 방사성 물질의 반감기인 수십~수백 년 동안 보관한 후에 방류해야 한다는 일본 내 시민단체의 주장과 상반되는 결정이다. 이처럼 은폐와 억지로 진행되는 후쿠시마 원전 문제는 후쿠시마 주민, 일본 국민, 한국 국민 모두에 장기간에 걸쳐 복합적으로 영향을 미칠 것이다.

문제 해결의 열쇠는 일본 정부가 쥐고 있고, 이에 영향을 끼칠 수 있는 조직은 한국 언론보다는 일본 언론일 것이다. 일본 언론이 자국 내 국민 여론에 영향을 직접적으로 줄 수 있는 위치이기 때문이다. 이에 일본 언론은 '어른의 사정'보다 '정의'를 위해 취재해야 할 것이다. 부장과 팀장의 눈치가 어쩔 수 없이 보인다면 주변 한국 언론인에게 '토스'해서라도 은폐를 걷고 진실을 보도할 수 있도록 용기 내야 한다.

한국 언론도 '정파적 입장'이나 '자사의 이익'을 떠나, 객관적이고 정확하게 취재 및 보도해야 할 것이다. 후쿠시마 오염수 방류 문제는 정치적 사안이라기보다는 근본적으로 환경 오염과 그 결과를 겪게 될 미래 세대를 위한 결정을 포함하기 때문이다. 무엇보다 먼저 우리 정부의 현명한 판단과 대응을 기대해야겠지만 언론의 기능은 기대와 응원보다 '검증'과 '비판'인 만큼 후대에 부끄럽지 않은 언론 보도가 이어져야 할 것이다.

김 기자 코멘터리

후쿠시마 원전 오염수 이슈는 〈댓읽기〉에서 단골로 다룬 주제였다. 관심 있는 사람이 많은 주제이기도 했지만, 당시 KBS 기자들이 관련 취재를 열심히 한 결과이기도 했다. 당시 일본과의 관계는 후쿠시마 오염수 문제뿐만 아니라, 아베 정부의 한국 백색 국가 제외 조치로 인한 노 재팬(일제 불매) 운동의 여파도 남아 있어서 매우 민감한 분위기였다. 그런 상황에서 KBS 김진호 기자가 당시 아베 총리의 지역구에 직접 찾아가서 일제 불매 운동에 대한 현지 분위기를 취재한 적이 있었다. 노 재팬 운동으로 일본 여행도 자제하는 분위기가 확산됐는데, 아베 총리의 지역구가 공교롭게도 한국인, 특히 부산 시민이 관광지로 즐겨 찾던 시모노세키였다. 당시 부산에서 시모노세키로 운행하는 좌석 540개짜리 페리선이 60명도 채우지 못했다고 한다. 아베 총리의 정책 때문에 정작 자신의 지역구 주민이 고통받는 현장의 분위기를 녹화했다. 정식 녹화가 아니고 급히 촬영한 번외편이어서 편한 마음으로 영상을 찍어 올렸는데 댓글 반응이 심상치 않았다. 조회 수도 20만 회를 넘었는데, 많은 사람이 화가 나 있었다.

김진호 기자가 현장에서 취재 도중 마주친 일본인 상인과 논쟁이 붙었다는 일화를 소개하면서 나온 이야기 때문이었다. 김 기자는 바쁜 취재 일정 중에 일본인 상인에게 인터뷰를 시도했고 그 상인이 강제 징용 문제와 관련해 일본 극우파의 논리로 한국을 비하하는 말을 했다. 이에 김 기자는 일본 상인에게 한국의 입장을 설명하려 했지만 여의치 않았고 다음 인터뷰를 하기 위해 자리를 떠났다는 후기였다. 이에 나는 "세게 제대로 얘기하고 왔어야지."라고 하면서 웃어넘겼고 그대로 영상을 올렸는데, 시청자의 댓글 반응은 차가웠다. 그게 웃을 일이냐는 거였다. 나는 개인적으로는 여전히 웃어넘길 수 있는 일이라고는 생각하지만 그걸 아무 문제없을 것이라고 판단하고 유튜브에 공개하는 건 다른 문제다. 나의 입장과 인간관계 안에서 웃어넘길 수 있는 것이지, 무작위 시청자의 시선은 다를 수 있다는 점을 간과한 나의 잘못이다. 결국 해당 부분을 편집하고 사과문을 고정 댓글로 게시했다. 일본 출장 다녀오자마자 여독도 풀리지 않은 상태에서 출연해 준 김진호 기자에게 너무 미안했다. 녹화 당시 내가 입고 있던 옷도 문제가 되었다. 아침에 아무 생각 없이 입고 왔던 바나나가 그려져 있는 반팔 티셔츠가 일본 제품이었다. 댓글 창에서 여러 번 혼났다. 일본 이슈를 다룰 때는 더더욱 조심해야 한다. 본래의 의도야 어땠든, 시청자는 기자의 사정까지 헤아려 줄 여유도, 이유도 없다는 걸 명심해야 한다. 가끔 지상파 뉴스에서도 잘못된 자막이나 지도가 나가곤 하는데, 사소한 실수가 취지를 무색게 하고 오해를 불러온다. 어쩔 수 없다. 억울함을 피력하기보다는 먼저 고개 숙여 사과하고 다시 열심히 취재하고 보도하는 수밖에.

아이들은 어떻게 괴물이 되었나

➤ 강남 8학군 고등학교에서 내신이 저렇게 단기간에 오른다는 게 말이 안 된다.

2019년, 대한민국에는 드라마 〈SKY 캐슬〉 열풍이 불었다. 그리고 극 중에서 최고의 강사인 김주영은 아무 학생이나 맡지 않고 가려서 맡고, 자기가 맡은 학생을 어떻게든 1등으로 만드는 인물이다. 극 말미에 드러난 그녀의 '비결'은 너무도 단순했는데, 바로 시험지를 빼내는 것이었다. 〈SKY 캐슬〉 열풍이 불기 1년 전인 2018년, '입시 공화국' 대한민국에서는 드라마에서도 상상하기 어려울 일이 벌어졌다. 입시 성적으로 발생하는 사회적 서열이 일반적인 대한민국에서 많은 학부모와 학생의 '선망의 대상'이기도 한 강남 8학군에서 성적 조작 사건이 일어난 것이다. 드라마처럼 '시험지 빼돌리기'가 사건의 중심에 있었다. 학교 교무부장인 아버지와 평범한 성적의 학생에서 전교 1등으로 변한 쌍둥이 자매가 '숙명여고 쌍둥이 시험지 유출 사건'으로 더 잘 알려진 사건의 주인공들이었다.

숙명여자고등학교는 강남 8학군에 위치한 사립 고등학교로, 매년 재학생의 높은 입시 성적을 자랑한다. '교육열'로 둘째가라면 서러워할 학교에 2017년에 입학한 학생 중에는 교무부장 현 모 씨의 쌍둥이 딸도 있었다. 쌍둥이 자매의 성적은 입학 후에 첫 중간고사까지만 해도 특별할 게 없었으나, 그해 기말고사를 기점으로 수직 상승했다. 자매는 2학년이 되어 성적 경쟁이 치열하기로 유명한 숙명여고 문·이과에서 각각 1등을 차지하는 드라마틱한 성적 상승의 결과를 보여 줬다.

하루아침에 학교의 스타가 된 '전교 1등' 쌍둥이의 성적에 의혹의 눈길이 이어졌다. 훌륭한 내신 성적과는 달리, 전국 단위 학생을 대상으로 한 모의고사에서는 눈에 띄는 성적을 거두지 못한 자매였기 때문이다. 그들은 수업 시간에 그리 어렵지 않은 문제도 풀지 못했고, 자매 중 이과생이던 동생은 출제자가 잘못 낸 '정정 전 정답'을 전교에서 유일하게 맞췄다. 이과 화학 시험에서 교사가 애초에 출제했던 주관식 문제의 답안이 틀려서 추후 수정했지만, 전교생 중 쌍둥이 동생만 고치기 전의 틀린 답안을 작성한 것이다. 여러모로 전교 1등과는 거리가 먼 모습이었다.

이와 같은 쌍둥이의 학교생활이 이어지자 의혹의 눈길은 자연스레 '아버지'로 향했다. 쌍둥이의 아버지인 교무부장 현 씨는 학교의 핵심 실세였다. 학교 업무 전반이 그의 손을 거쳤고, 시험지 관리 역시 그의 몫이었다. 노력의 결과라고 설명하기엔 이해하기 어려운 정황에 현 씨가 직접 해명 글을 올리기도 했다. 2018년 7월 비리 의혹에 관한 민원을 접수한 서울시 교육청이 자체 감사를 실시했고, 경찰 수사가 이어졌다.

수사 결과, 교무부장 아버지와 쌍둥이 자매의 '성적 조작' 정황이 드러났다. 쌍둥이는 시험지에 깨알같이 정답 숫자만 기재된 답안을 미리 적어 놓거나, 고난도 물리 문제를 아무런 풀이 과정도 없이 맞혔다. 휴대전화에는 영어 말하기 시험의 정답과 일치하는 단어들이 저장돼 있었다. 쌍둥이 자매의 성적은 이들의 사건을 담당하게 된 판사의 말을 빌리자면 "생각할 수 있는 단 하나의 가능성은 천재일 경우"라고 할 정도로 이상했다. 쌍둥이의 아버지는 내신 시험 직전마다 아무도 없는 교무실에서 혼자 야근이나 주말 출근 등의 초과근무를 했다. 숙명여고 CCTV에는 교무실 주변을 살피는 현 씨의 모습이 고스란히 남아 있다. 아버지 현 씨와 쌍둥이 자매 모두 법정으로 향했다. 그리고 수사 과정과 법정에서 이들이 보인 태도는 놀라웠다.

▶ 부모는 자식에게 세상을 정정당당하게 살아갈 수 있도록 가르쳐야 하는데, 어떤 목적을 위해서라면 수단과 방법이 상관없다는 걸 가르치는 부도덕함이라니.

▶ 아이들은 괴물이 되어 버렸다. 누가 저 아이들을 괴물로 만들었을까?

대댓글 **댓글 읽어주는 기자들**

▶▶ '누가 저 아이들을 괴물로 만들었을까?'라는 질문이 깊이 새겨졌습니다. 이 사회가 그들을 그렇게 만든 건 아닐지. 무작정 손가락질만 한다면 이 같은 일은 또 일어나겠지요.

〈댓읽기〉는 쌍둥이 자매의 1심 결심 공판일 풍경을 꼼꼼하게 기록한 KBS 최유경 기자의 기사를 소개했다. 2020년 7월 17일, 검찰은 자매에게 각각 장기 3년과 단기 2년의 징역형을 선고할 것을 재판부에 요청했다. 자매의 아버지 현 씨는 대법원에서 징역 3년 형을 확정받은 뒤였다. 당일 재판을 취재한 최 기자는 검찰의 구형 이유를 자세히 적은 기사를 썼다.

검찰은 쌍둥이 자매가 성적 조작 범행의 직접적인 수혜자이고, 아버지의 징역이 확정되었는데도 여전히 자기들의 성적은 실력으로 얻은 정당한 결과라며 범행을 부인하고 반성의 태도를 보이지 않는다고 지적했다. 그들은 수사 기관을 조롱하는 태도를 보이고, 자기들에게 불리한 진술을 한 교사를 모욕하기도 했다고 밝혔다.

> **"본 검사는 피고인들이 세상이 호락호락하지 않고, 거짓말엔 반드시 대가가 따르며, 정의가 살아 있다는 점을 깨닫길 바랍니다."**
>
> **- 쌍둥이 자매 성적 조작 사건 1심, 검찰 구형문 중**

쌍둥이 자매는 검찰의 구형에 "검사가 말하는 정의가 무엇인지 도저히 알 수 없다."라는 말로 입장을 대변했다. 듣고 배운 대로 답안을 작성했을 뿐이라며 혐의 역시 모두 부인했다. 검사가 미성년자임을 고려해 자세히 소개하지 않은 '수사 기관을 조롱하는 태도가 정확히 무엇인지는 몰라도 추측할 수 있게 하는 태도'였다.

〈댓읽기〉는 그동안 정치권력, 거대 자본, 갑질 등 주로 힘세고 나쁜 짓 하는 '어른'의 잘못을 들춰낸 기사와 이에 대한 댓글 반응을 소개하는 경우가 대부분이었다. 하지만 이렇게 고등학생이 저지른 잘못을 처음 다루게 되면서, 〈댓읽기〉 구성원은 어떤 톤과 매너로 방송을 진행하는 것이 온당한지에 대해 고민하게 되었다. 아직 학생이니까 너무 비판적으로 접근하기보다는 이해하고 교화의 가능성을 중시하는 이야기를 많이 하는 편이 나을지, 아니면 다른 사건들과 똑같이 취급하는 게 맞을지에 대해 고민을 거듭했다.

> ➤ 쌍둥이 자매가 소위 '어른'들에게 모욕적인 언사를 하고, 자기들은 무죄라고 한결같이 주장하고, 검사를 향해 정면으로 눈을 맞추며 정의가 무엇이냐고 되묻는 언행이 그렇게까지 가슴 부여잡으며 토론할 일인가요? '어른'들이 만든 사회 구조와 교육 제도의 현실적 문제점과 공정성이 결여된 사법부의 기계적이며 관행적인 판결의 문제점을 더 다루어야 하지 않을까요?

위와 같은 소중한 지적도 일리가 있었다. 언론은 보도 대상자의 태도를 문제 삼기보다는 그러한 사건이 발생하게 된 구조와 제도를 개선하는 데 더 집중해야 하니까. 결국 '학생들이라 세게 말도 못 하겠고……'를 반복하던 〈댓읽기〉 구성원은 방송 말미에 '과연 이들의 성적 조작 정황이 드러나지 않았다면 어땠을까?'라는 질문을 던졌다. 추측건대, 그들은 좋은 성적을 바탕으로 유명 대학에 진학했을 것이다. 사회적으로 높은 지위와 연봉을 보장하는 직업을 얻을 확률 역시 그만큼 커졌을 것이다. 예상 가능한 답변이 여기에 이르자, 해당 사건은 강남 8학군 소재 유명 고등학교에서 일어난 부녀의 일탈이나 어린 학생들의 작은 실수로 여길 수 없는 것이었다.

"정의가 무엇인지 도저히 알 수 없다."라고 당당하게 말하는 쌍둥이 자매가 우리 사회의 이른바 '엘리트'로 활약했다면, 그 사회는 어떤 모습이었을까, 아버지가 가져다준 시험지를 바탕으로 열심히 답안을 옮겨 적는 순간에도 책 한 자를 더 보던 다른 학생에게 '미안하다'라는 말을 남기기보다는 '정의'가 무엇인지 반문하는 쌍둥이 자매 같은 사람이 중심이 되는 세상은 올바른가? 적절한가? 예상 가능한 상황에 대한 의문이 꼬리를 물고 이어졌다. 돌이켜 보면 〈댓읽기〉를 녹화하며 기자들이 가장 분노하던 순간은 소위 '법꾸라지'들의 태도를 지적할 때였다. 다른 사람보다 더 많은 정보와 지식을 토대로 사회의 '상식'에 반하는 모습을 보이면서도, '현행법'에 걸리지만 않는다면 괜찮다는 뻔뻔한 태도로 일관하고, 마침내 법망을 교묘하게 빠져나가는 이들을 볼 때면 느끼던 분노였다. 기자와 대중이 '법적으로 문제없다는데 왜 난리냐'라고 말하는 듯한 법꾸라지들 태도에 "세상은 그렇게 호락호락하고 만만하지 않다."라고 시원하게 되치기를 해 주고 싶던 분노와 씁쓸함이 이 사건에도 있었다.

쌍둥이 자매는 1심에서 징역 1년 6개월에 집행유예 3년을 선고받았고, 판결에 불복해 항소했는데, 항소심에 출석하는 길에 한 취재 기자를 맞닥뜨렸다. 기자가 "항소심 첫 재판 나오셨는데, 계속해서 혐의 부인하시는 건가요?"라고 묻자, 자매 중 동생이 기자를 향해 욕설을 뜻하는 가운뎃손가락을 세우며 답변을 거부했다. 재판을 마치고 법원을 나오는 그녀에게 그 이유를 물었더니 "기자가 나에게 예의 없고 교양 없이 굴어서 그랬다. 갑자기 질문하겠다고 마이크 들이밀어도 되는 것이냐?"라며 기자에게 사과를 요구하기도 했다.

어린 나이라고 이해해 줘야 하나 싶을 수 있지만, 이들은 2001년생으로 재판에 출석한 2021년 당시 이미 성인이었다. 누구나 불리하고 불쾌한 상황에 불쑥 질문하면 기분이 상할 수도 있다. 기자도 무례하거나 무리하게 인터뷰 요청을 해서는 안 되지만, 그에 답하는 이도 선을 넘는 행동을 하지 않는 것이 적절하다. 기자는 시청자를 대신해서 묻고, 보여 주는 사람이기 때문에 그 인터뷰가 무례했는지는 시청자가 보고 판단하기 마련이다. 그 판단에 따라서 본인들에 대한 여론이 우호적이거나 동정론으로 바뀔 수도, 그 반대가 될 수도 있다. 그날 관련 기사에는 예의 없고 교양 없이 행동한 사람은 기자가 아니라 쌍둥이라는 댓글이 대부분이었다. 항소심 결과 이들은 각각 징역 1년에 집행유예 3년으로 형량이 6개월 줄었는데, 쌍둥이의 부친은 이 판결 결과를 듣고 재차 두 딸의 무죄를 주장하며 '이게 나라냐?'라며 항의했다. 그들에게 나라는 어떤 곳이어야 하기에, 이토록 괴물이 되어 버린 것일까?

김 기자 코멘터리

앞선 사건을 녹화하기 직전에 〈댓읽기〉에서 해명해야 하는 상황이 있었다. 〈댓읽기〉 구독자가 보낸 간식을 함께 나눠 먹는 영상에 다음과 같은 댓글들이 달렸기 때문이다.

- 기자님들은 한라봉을 맛있다고 먹고 있는데, 작가님은 눈치만 보고 있는 것 같아요. 보이지 않는 갑질로 느껴졌어요.
- 작가님한테는 누구도 먹어 보라고 하지 않네요. 비정규직이라서 차별하는 건가요?
- 댓글 작가님은 뒤에 계시네요. 한 팀으로 일하는 거 맞나요?

누군가는 이런 것까지 신경 쓰냐고 가벼이 넘길 수도 있지만, 이 댓글들에 반드시 해명하는 시간을 가져야 한다고 생각했다. 프로그램의 정체성이 걸린 문제라고 생각했기 때문이다. 작가부터 기자와 PD에 이르기까지 〈댓읽기〉 구성원은 모두 서로 존중하고 배려하며 평등한 발언권을 누리는 이상적인 팀이 되길 위해 노력했기 때문이다. 오해를 풀기 위해 당시 박은진 작가가 '집에 가져가서 잘 먹었다'라는 내용의 고정 댓글을 달았지만, 그 댓글에 '〈댓읽기〉 기자들을 보호하기 위해서 이런 댓글을 쓰는 거냐?'라는 내용의 대댓글이 달렸다. 이에 박 작가는 상황의 심각성을 인지하고, 이를 해명하는 장문의 댓글을 추가로 달았다.

> '(전략) 우려해 주시는 바와 달리, 그동안 사랑해 주신 〈댓읽기〉의 매력인 수평적이고 자유로운 분위기는 작가인 저와 기자들 사이에 동일합니다. 제가 평소에 정연욱 기자에게 스스럼없이 농담하는 것을 보면 아시겠지만요. (후략)'

정 기자는 해명 영상에서 박 작가가 자신에게 막말하는 걸 친하다는 근거로 삼았냐며 웃었지만, 댓글이 달리던 전날 밤의 상황은 결코 가볍지 않았다. 진지하게 제대로 대응해야 한다고 생각했다. 기자가 방송에서 비정규직 차별이나 직장 내 갑질을 비판하면서, 그런 모습을 보인다면 진정성이 의심될 수밖에 없기 때문이다. 이런 사소한 오해가 쌓이면 구독자가 〈댓읽기〉 콘텐츠를 편하게 볼 수 없겠다고 생각했다. 영상에서 이에 대해 설명했고, 이후로 이런 지적은 나오지 않았다. 이런 지적을 그냥 넘겼다면 나중에 비슷한 지적이 나왔을 때 '지난번에도 그러더니 또 그런다'라는 말이 나왔을 것이다. 그러면 해명해야 하는 게 두 배가고 더 구차해졌을 거고 진정성도 그만큼 더 의심받았을지 모른다.

특파원은 꿀 보직인가 극한 직업인가

▶ 미얀마 국민이 민주주의를 쟁취하는 날까지 응원하겠습니다. 기자님의 표정에서 안타까움이 절실하게 느껴집니다. 건강 챙기며 취재하세요.

언론사는 해외 소식을 현장에서 더 빠르고 생생하게 전하기 위해서 '특파원' 제도를 운영한다. 이 경우 취재 기자가 해외 주요 도시에 몇 년간 머물면서 현장 취재를 하게 되는데 혼자서 아이템 발제, 취재, 원고 작성 및 데스킹까지 해야 한다. 그래서 일반적으로 언론사의 부장이나 팀장급 에이스 기자들이 특파원으로 파견된다. 특파원은 일인다역을 소화하며 시차까지 신경 써야 하기 때문에 국내에 기사를 송고하고 나면 녹초가 되기 마련이다.

방콕 특파원이던 김원장 기자는 〈댓읽기〉 줌(ZOOM) 연결을 가장 왕성하게 진행한 기자다. 그는 방송 리포트에 다 담지 못한 취재 후기나 소소한 현장 분위기 등을 전하며 많은 구독자로부터 좋은 반응을 얻었다. 방콕 특파원은 태국을 포함한 동남아시아 전반을 누비며 취재한다.

그런데 담당하는 지역은 상당히 넓은 데 비해 주목받는 뉴스가 나오는 빈도는 비교적 낮은 편이다. 한국인의 동남아에 대한 관심이 동북아에 비해 현저히 낮기 때문이다. 아무래도 우리나라를 포함, 북·중·일·러 그리고 미국까지 포함된 동북아 안보 이슈가 한국인의 삶과 더 직접적으로 연결되어 있기 때문일 것이다.

2021년 2월, 미얀마 군부 쿠데타가 발발했다. 2020년 11월 총선에서 아웅산 수치의 민주주의민족동맹이 압승한 후, 이듬해 1월 군부에게 상하원 의석 25%를 할당해 주고 세 개 부처의 수장 자리를 보장해 주는 헌법을 개정하려 하자 이에 군부가 강력히 반발했다. 쿠데타가 날지도 모른다는 소문이 퍼진 것도 이때였다. 이후 군부가 미얀마 정부에게 의회를 해산하고 군부 주도하에 재투표할 것을 강요했지만 정부가 이를 거부하자 군부는 2월 1일 쿠데타를 일으켜 의회와 정부를 장악했다.

미얀마의 민주화운동이 곳곳에서 일어났다. 군부는 총칼로 진압했다. 미얀마 만달레이에서는 군경이 시위대도 아닌 일반 시민에게 무차별 사격을 가해 수많은 아이가 현장에서 숨지는 상황이 계속되고 있었다. 시민은 문을 걸어 잠그고 출근과 영업을 거부하며 침묵시위를 이어갔다. 사망자는 300명에 달했다.

하지만 국내에서 미얀마 군부 쿠데타에 대한 뉴스를 언론에서 다루는 빈도는 낮고, 관심도 높지 않았다. KBS에서는 한 달 동안 거의 매일 미얀마 뉴스를 다뤘지만, 같은 소식이 반복되고 국면이 정체기에 이르자 뉴스 빈도가 줄었다. 쿠데타 반대 시위 과정에서 평소 태권도를 수련하고 한류 팬이던 미얀마 소녀가 숨졌다는 소식에 많은 이가 애도했지만, 곧바로 쏟아지는 각종 국내 뉴스에 묻혔다. 〈댓읽기〉에서는 마치 우리나라의 80년대와 같은 모습의 미얀마 민주화운동을 보면서 현장에 가장 가까이 취재를 다녀온 방콕 특파원 김원장 기자를 줌으로 연결했다.

'미얀마 현장 취재를 다녀온 것'도 아니고 '현장에 가장 가까이 취재를 다녀왔다는 건' 무슨 의미일까? 김 기자가 미얀마 쿠데타 현장 진입에 실패했기 때문이다. 김 기자는 미얀마 현장을 취재하기 위해 태국의 방콕을 출발하여 매솟(Mae sot)에 위치한 미얀마 국경까지 가는 데 성공했다. 하지만 군부가 집권한 미얀마는 기자들의 입국을 허용하지 않아 진입할 수 없었다. 미얀마 국경도시인 매솟에는 미얀마 난민들이 언제 넘어올지 몰라, 2만 명 정도를 감당할 수 있는 난민 수용소를 짓고 있었다. 현장에 다녀온 김원장 기자는 미얀마의 현실과 태국 매솟의 상황을 담은 리포트를 만들어 한국으로 송고했고, 해당 리포트는 KBS 9시 뉴스에 방영됐다. 이후에 국내에서 미얀마 쿠데타에 대한 관심이 줄어들자 김 기자는 개인 SNS에 가슴 아픈 글을 남겼다. 미얀마 사람들이 김원장 기자의 리포트에 버마어로 자막을 달아서 공유한다는 것이다. KBS 9시 뉴스에 재한 미얀마인이 출연해 인터뷰한 영상도 마찬가지로 미얀마인 사이에서 버마어 자막 작업을 거친 뒤에 세계 언론의 관심을 받고 있다는 취지로 수차례 공유되었다.

언론까지 통제된 상황에서 미얀마인은 전 세계에 자신들의 상황을 조금이라도 더 알리려고 노력하고 있고, 김원장 기자의 리포트가 그들에겐 대변인이자 무기였던 것이다. 리포트를 통해 김원장 기자의 이메일 주소를 알게 된 미얀마 청년들로부터 자신들이 죽어 간다는 사실을 알려 달라는 이메일이 쇄도한다고 했다. 한국 방송국의 특파원이 미얀마 젊은이들과 함께 호흡하며 취재하고 보도하는 셈이다.

미얀마 군부는 시민의 휴대전화를 검열하기 시작했고, 외부와의 접촉을 차단했다. 계엄령이 내려진 미얀마에서는 군부에 의해 불시에 검열이 이뤄지고 며칠 만에 군법에 의해 기소와 판결이 이뤄지는 비상식인 일이 이어지고 있었다. 외신 기자들까지 아웅산 수치 국가고문이 이끄는 민주주의민족동맹 관련하여 취재했다는 이유로 사흘간 잠을 안 재우고 심문했다. 군인들은 엎드려쏴 자세로 조준사격을 하고 있었고 총에 맞은 시신을 찍은 사진이 VPN(Virtual Private Network)을 통해 군부의 감시를 우회해서 매일 업로드됐다. 차마 방송 뉴스에 쓸 수 없을 만큼 끔찍한 사진이 대부분이었다. 군인들이 이미 사망한 사람의 얼굴에 소총을 직접 대고 발포하는 영상도 공유됐다.

김원장 기자는 이 현상이 과거 1988년 8월 8일에 발발한 미얀마 민주화운동(8888항쟁이라고도 한다)과 근본적으로 다른 점이라고 강조했다. 민주화운동의 상황이 실시간으로 전 세계에 공유되고 있다는 것이다. 1980년 광주 민주화 운동의 참상이 위르겐 힌츠페터라는 독일 기자에 의해 세계에 알려진 것도 긴 시간과 복잡한 과정이 동반되었다(힌츠페터는 자신이 촬영한 필름을 커다란 금속 캔 과자 더미 속에 숨겨 포장하여 일본으로 반출한 뒤에 독일 함부르크의 뉴스센터에 전달했다). 그래서 국제 여론은 늘 한 템포씩 늦기 마련이었고, 군부 독재의 통제가 촘촘할 경우에는 그 실상이 알려지는 데 오랜 시간이 걸리기도 했다. 하지만 이제는 인터넷의 발달로 실시간으로 전할 수 있는 환경이 갖춰졌고 그만큼 기자들의 역할도 더 커졌다고 김 기자는 이야기했다.

그는 미얀마 청년이 한국을 보며 희망을 갖는다고도 전했다. 그들은 한국의 광주민주화운동의 사례를 들며 희망을 가진다는 글을 공유했다. 미얀마도 군부 독재를 잘 이겨 내면 한국처럼 민주화될 수 있고 경제 발전도 할 수 있다는 희망이다. 그들의 이모와 삼촌은 한국에 외국인 노동자로 가서 돈을 벌어 왔다. 그들 자신은 휴대전화로 BTS와 블랙핑크를 보면서 학창 시절을 보냈다. 청년이 된 이들에게 한국은 동경의 대상이자, 조국의 이상적인 미래였다. 그 상황에서 군부 쿠데타가 발발하니 한국의 역사를 공부한 이들에게 작금의 상황은 민주화를 향한 중요한 국면으로 여겨졌고, 잘 이겨 낸다면 한국처럼 될 수도 있다는 희망으로 버티고 있다고 했다. 기사에는 미얀마 국민을 돕고 싶다는 댓글이 많이 달렸다. 돕고는 싶지만 방법을 알 수 없어 답답하다는 내용도 많았다. 미얀마 국민에게 우리는 무엇을 해 줄 수 있을까?

➤ 마음으로라도 응원합니다. 보탬이 되지 못하여 미안합니다.

➤ 방구석에서라도 미얀마를 도울 방법이 없을까요? ㅠㅠ

대댓글 **댓글 읽어주는 기자들**

➤➤ 우리가 도움이 될 방법은 의외로 가까운 곳에 있더군요. 김원장

기자의 설명을 함께 들어 보면 좋을 것 같습니다.

김원장 기자는 '한국인이 미얀마인을 도울 수 있는 방법'을 묻는 질문에 깊이 고민했다. 실질적이고 물질적으로 도움을 줄 수 있는 통로가 거의 없기 때문이었다. 시위를 이어 간다고 해도 국내 정치에 얼마나 영향을 줄 수 있을지도 의문이었다. 김원장 기자는 국내에 외국인 노동자로 일하러 들어온 미얀마인에 대한 이야기를 꺼냈다.

의정부 가구 공장에서, 익산 양돈 농가에서, 어업이나 건설 현장에서 땀 흘려 일하고 있는 미얀마인이 있다. 이들은 월급을 모아 1차로 1억, 2차로 2억 5천만 원을 모금해서 투쟁 기금으로 조국에 송금했다는 것이다. 군부가 그 자금을 추적하고 있는데, 그 자금이 반군에게 흘러 들어가면 어쩌나 촉각을 곤두세우고 있다고 했다.

그러면서 김 기자는 그들을 위해 할 수 있는 일을 짚어서 이야기했다. 우리가 그들을 위해 실제로 모금하거나 연대의 의사를 밝히는 것도 중요하지만, 그보다 한국에서 함께 살고 있고, 힘든 일을 도맡아 하고 있는 미얀마인을 친절하고 따뜻하게 대하는 게 더 중요하다는 제안이었다.

➤ 저도 외국에서 10여 년간 외국인으로 살았기 때문에 더 공감됩니

다. 큰 배움을 얻었습니다.

특파원이 해야 할 일은 무엇일까? 폼 나게 바바리코트를 걸치고 특파원 사무실 바로 앞거리에 나와서, KBS 마이크를 들고 기사 두세 문장 읽는 모습을 촬영한 뒤에 연합뉴스와 번역된 외신 뉴스를 토대로 기사를 쓰고 영상은 현지 방송사와 AP 통신의 그림을 받아서 쭉쭉 붙여서 리포트를 제작하여 한국으로 보내면 할 일이 다 끝난 것일까?

해외 특파원만큼 기자 역량과 노력에 따라 차이가 큰 직무도 없다. 솔직히 말해서 놀려고 마음만 먹으면 현지 한국인 주재원들이랑 인맥 쌓고 골프나 치며 자녀 영어 교육 이야기에 3년을 보낼 수도 있다. 진실인지 알 수는 없지만 모 언론사의 베를린 특파원이 술을 많이 먹고 정신없이 자다가 베를린 장벽이 무너진 것도 모르고 숙면해 버려 해당 언론사가 베를린 장벽 붕괴 기사를 낙종했다는 얘기가 전설처럼 내려온다. 본사에서 원하는 리포트가 있으면 대충 '말아서' 넘기면 된다. 자신에게 리포트해 줄 것을 부탁하는 사람은 어차피 후배 기자다. 마음대로 할 수 있다. 특파원 기간을 마치고 돌아오면 자신에게는 어디 어디 특파원 출신이라는 커리어도 남는다. 하지만 그렇게 살라고 국민의 수신료로 해외 생활을 하는 건 당연히 아닐 것이다.

그렇다면 특파원이 진짜로 해야 할 일은 무엇일까? 그건 바로 자신이 담당한 지역에서 중요한 사건이 생기면 최대한 현장의 상황을 잘 전달하는 일이다. 부당하게 핍박받고 있는 이들이 있다면 그들의 목소리와 입장에 대해 깊이 고민하고 한국에 알리는 일이다. 좀 더 고공 취재가 필요하다면 현지의 고위 인사들과 접촉해 그들의 시각으로 현지의 상황을 보고 한국의 입장을 담아서 알리는 일이다.

기자라면 누구나 쿠데타가 일어난 국가나 전쟁이 난 현장으로 달려가 취재하는 상황을 생각해 보곤 한다. 하지만 실제로 본인에게 그런 상황이 딱 주어졌을 때 선뜻 가겠다고 나설 수 없는 기자도 있을 수 있다. 〈댓읽기〉 방송에서 김원장 기자는 이에 대해 "기자들이 미얀마 현지 양곤이나 만달레이를 들어가지 못하고 있는 건 어떤 변명으로도 얘기가 안 되는 겁니다."라고 단호히 말했다. 총에 맞을 수도 있지 않겠냐는 우려에 김 기자는 "미얀마인 사진을 보세요. 총구 앞에 선 사람들이 있어요. 실탄이 장전된 총 앞에 설 수 있는 용기를 취재하러 가야죠."라고 말했다.

2021년 3월 〈댓읽기〉 방송이 끝난 뒤에도 미얀마 사태는 계속 이어졌다. 그리고 2022년 1월 14일, 김원장 기자의 리포트가 9시 뉴스에 방송되었다. 김 기자는 결국 미얀마-태국 국경을 넘어, 미얀마로 진입해 난민들이 숨어 있는 난민 캠프와 반군(카렌 민족 해방군) 기지를 취재한 것이다. 해당 기사의 유튜브에는 어김없이 미얀마인이 댓글을 남겼다.

> ➢ 우리나라의 사실을 이렇게 세계적으로 알려 주셔서 정말 감사드립니다.

쿠데타 현장뿐 아니다. 러시아의 우크라이나 침공 이후 하루가 멀다 하고 폭격을 당하는 우크라이나의 수도 키이우에도 KBS 특파원이 취재를 나갔다. 당시 베를린에서 근무하던 김귀수, 유호윤 기자가 번갈아 가며 현장 취재에 나섰는데, 유 기자는 현장에서 줌으로 긴박한 키이우의 상황을 실시간으로 전해 왔다. 9시 뉴스에 나간 유 기자의 모습에 방탄 헬멧과 조끼를 왜 입지 않고 있느냐는 시청자의 지적이 많았다. 이에 대해 유 기자는 키이우 현지 주민은 일상복을 입고 돌아다니는데, 타국의 취재 기자가 잠시 와서 촬영하면서 그런 장비를 착용하는 게 현지 주민에게 실례가 될 수도 있기 때문이었다고 설명했다. 유호윤 기자는 이후에도 미술품에 페인트를 뿌리거나 도로에 본드를 발라서 자신들을 고정시켜 차량 통행을 막는 방법으로 환경 보호 캠페인을 펼치는 강성 환경운동가들을 취재한 후기, 테라·루나 코인 사태를 일으킨 권도형이 도주했다가 검거된 몬테네그로 현지로 찾아가서 권도형의 변호인을 취재한 후기 등을 현지의 공항에서 라이브로 전하는 등 〈댓읽기〉 채널을 통해 그동안 특파원들이 하지 않았던 다양한 시도를 함께했다(회사에서 시킨 것도 아니고, 출연료를 받는 일도 아니었다).

인터넷과 유튜브 시대가 열리고 지리적 차이로 인한 정보 격차는 0에 수렴되고 있다. 서울의 방구석에서도 워싱턴 소식을 마우스 클릭만으로 알 수 있게 된 건 이미 수십 년 전 이야기고, 언론사 특파원보다 빠르고 쉽고 자세하게 외국 소식을 전하는 유튜버가 즐비한 요즘이다. 그렇다면 언론사는 왜 상당한 비용을 들여 해외 특파원을 보내고 유지해야 하는가? 어쩌면 김원장 기자와 유호윤 기자의 사례에서 그 힌트를 발견할 수 있지 않을까? 특파원은 이제 이 제도의 존재 가치를 스스로 증명해야 한다. 국민의 눈높이가 올라갔다. 국민의 수신료로 운영되는 KBS는 특히 이 질문에 엄중히 답해야 한다.

김 기자 코멘터리

KBS에는 기자들에게 인센티브 방식으로 금전적 보상을 하는 경우는 거의 없다. 대부분의 언론사도 마찬가지다. 특히 KBS 기자는 국민의 수신료로 먹고사는 만큼 열심히 일하는 건 당연하다. 물론 보상이 있다면 직무에 더욱 성취감을 느낄 수 있을 것이다. 열심히 일한 방송 기자에게 회사가 줄 수 있는 보상은 무엇일까? 예전에는 '앵커', '특파원', '해외 연수'가 보상이었다고 한다(원하는 부서에 배치해 주거나 팀장이나 부장 등의 간부로 승진하는 경우는 다른 직장과 같으므로 따로 언급하지 않는다). 그런데 이와 같은 앵커나 특파원, 해외 연수가 요즘 기자들에게는 그다지 매력적인 보상이 아니라고 한다. 앵커를 희망하는 기자가 줄었다. 여러 가지 이유가 있겠지만 인터넷과 SNS가 발달하지 않았던 예전과 달리 뉴스를 진행하다가 실수하거나 잘못하면 '평생 온라인에 박제된다'라는 부담이 크다. 더불어 2공영 1민영(KBS와 MBC, SBS) 시절, 그러니까 종합편성채널 등장 전의 KBS 뉴스 앵커의 위상은 지금과 비교할 수 없을 만큼 높았지만, 지금은 예전 같지 않은 분위기다. 특파원의 인기도 달라졌다. 해외에서 몇 년간 일하는 경험은 귀하지만 미세먼지와 방사능, 열악한 거주 조건 등으로 몇몇 국가는 기피 지역이다. 특파원을 갈지 여부는 가족의 동의를 얻어야 하기 때문에 가족 구성원 중 해당 국가에 대한 불안이 있는 사람이 있으면 지원하지 않는다. 맞벌이 부부가 '뉴 노멀'로 자리 잡은 지금의 한국 사회에서 어느 한쪽이 직장을 포기하고 따라가거나 기러기 부부가 되는 상황을 원치 않는 경우도 많다. 해외 연수에 대한 인식에는 2016년에 제정된 청탁금지법, 이른바 김영란법이 큰 영향을 끼쳤다. 이전에는 다양한 기업에서 언론인 대상 해외 연수 프로그램을 운용했지만 권익위는 '민간 기업 설립 언론재단이 언론인의 해외 연수 비용을 지원하는 것은 관련 법령이 없고, 내부 기준이 있더라도 공공기관의 내부 기준이 아닌 점, 기자라는 특정 직종에 국한해 지원하고 지원 금액이 큰 점 등에 비추어 법령, 기준 또는 사회 상규상 허용되는 금품 등으로 볼 수 없다'라고 판단했다. 이후 기업의 언론인 해외 연수 프로그램이 사라졌다. 2018년 LG상남언론재단이 연수 심사의 투명성과 공정성을 높이겠다며 권익위에 유권 해석을 재요청했고, 완화된 유권 해석이 나오면서 재개됐다. LG상남언론재단과 한국언론진흥재단 등 몇몇 기관의 언론인 해외 연수 프로그램이 있기는 하지만, 김영란법 이전과 비교하면 절반도 안 될 만큼 적다. 결국 간부 기자들이 후배 기자들을 통제할 수 있는 수단이 예전에 비해 크게 약해진 셈이다. 코로나19 시기를 겪으며 줄어든 술자리 회식으로 인해 선후배 기자 간의 유대가 줄어들었다는 푸념도 있다. 이제 기자 사회의 질서도 '예전 같지 않은' 시대가 왔다.

맥을 짚어 주는 취재

▶ 저희 임대인이네요. 남편한테 장난으로 한 번 확인하라고 했는데, 맞네요. 등기부등본 떼어 보니 압류되어 있어요. 조만간 재계약 기간인데 어떻게 해야 할지.

2022년 4월, KBS 김효신 기자는 깡통 전세에 관해 취재하고 있었다. 깡통 전세란 집주인의 주택 담보 대출 금액과 전세금 합계가 집 매매가에 육박해 시장 침체 때 집값이 떨어지면 그 집을 팔아도 대출을 갚고 나면, 세입자에게 돌려줄 전세금이 부족해지는 주택을 뜻한다. 탐사 보도를 오래 하며 데이터 분석에 자신 있던 김 기자는 깡통 전세 문제의 심각성을 알아보기 위해 서울과 경인 지역의 주택 거래 내역 4년 치, 780만 건을 입수해 전수 분석했다. AI 데이터 분석 업체와의 협업으로 이뤄진 해당 조사는 깡통 전세의 분포 현황을 지도에 표시하는 정도의 목적으로 시작되었다. 그런데 조사 결과를 보니 주택의 매매 가격과 전세금 간의 차액이 작은 집을 전세를 끼고 매입한 뒤 집값이 오르면 팔아서 시세 차익을 챙기는, 이른바 갭 투자의 진화 과정을 읽을 수 있었다.

그리고 해가 지나면서 서울 외곽의 빌라로 갭 투자가 번지더니 급기야는 주택 가격보다 전세금이 같거나, 심지어 전세금이 더 높은 비상식적인 거래도 발견되기 시작했다. 보통 전세금이 매매가의 70%를 넘으면 깡통 전세라고 보는데, 5억짜리 집에 5억으로 전세를 들어가거나 전세금이 더 높아 집주인은 돈 한 푼 들이지 않고 집을 여러 채 구매한 소위 '무갭 투자' 사례가 연이어 포착되었다. 특히 후자의 경우에는 집값 하락으로 어쩔 수 없이 깡통 전세가 된 것이 아니라 계획적이고 조직적인 범죄일 수 있었다.

전세를 주려면 그래도 집을 소유하고 있어야 했을 터인데, 애초 집주인은 돈을 들이지 않고 어떻게 집을 살 수 있었을까? 여기엔 '동시 진행'이라는 꼼수가 동원되었다. 집을 사기 전에 전세를 먼저 받아 놓고 전세 계약을 하는 날 받은 전세금으로 집 매매 계약을 하는 수법이다. 아예 세입자가 전세금을 건축주에게 바로 송금했다고 한다. 세입자는 전세금을 보내지만 받는 건축주 입장에서는 매매 대금인 셈이다.

김 기자가 취재 과정에서 만난 한 세입자는 2억 4천5백만 원에 전세 계약을 했다. 그런데 취재 결과 건설사가 부동산에

집을 판매한 가격은 2억 2천만 원이었다. 2억 2천만 원짜리 집에 2억 4천5백만 원으로 전세 계약을 한 셈이었다(2억 4천5백 – 2억 2천 = 2천5백). 2천5백만 원은 어디로 갔을까? 집주인이 부동산 등에 리베이트를 주고 나머지를 꿀꺽한 것이다. 여기까지만 들으면 큰 문제가 아닐 수도 있다. 세입자가 나중에 전세금만 돌려받을 수 있다면 말이다.

그런데 이런 '무갭 투자'로 매매된 주택의 집주인에 같은 이름이 반복되는 걸 발견했다. 무려 1,277회. 1,277채의 빌라 주인, 이른바 '빌라의 신' 권 모 씨가 포착된 순간이다. '빌라의 신'이라는 별명은 기자가 마음대로 붙인 이름이 아니다. 김 기자가 '무갭 투자'된 빌라 1,277채가 한 사람의 명의로 되어 있다는 점을 알게 된 과정에서 부동산 전문가에게 권 모 씨를 아느냐고 물었을 때 그가 한 대답이 "그분 유명하잖아요."라는 것이었다. 그는 이미 업계에서는 '빌라의 신'으로 유명한 인사였다.

권 씨의 수익 모델은 무엇이었을까? 그는 빌라 한 채를 전세 주고 전세금을 건설사에 매매 대금으로 보내 주는 대가로 매매 대금의 10%를 분양 수수료로 받았다. 집 가격을 부풀려 매매 대금보다 높은 전세금을 받았기에 가능했던 일이다. 이렇게 올린 부당 이득은 수백억 대에 달할 것으로 추정됐다. 그런데 자기 돈 한 푼 없이 빌라 명의만 1,277채를 갖고 있던 권 씨는 양도소득세, 종합부동산세를 전부 체납했다. 취재 결과 드러난 권 씨의 체납 금액만 72억 원이었다. 권 씨는 72억 원을 내지 않고 버텼고, 납부 기한이 지나자 권 씨 명의의 빌라가 압류되기 시작했다. 여기서부터 세입자들의 불행이 시작된 것이다.

권 씨 명의의 빌라가 압류된 상황을 세입자들은 알고 있었을까? 김 기자는 세입자들을 만나기로 결심했다. 세입자의 연락처를 바로 알 수 없었기에 압류된 권 씨의 빌라의 모든 등기부등본을 떼서 주소지로 찾아갔다. 김 기자는 자신의 명함 수백 장에 일일이 '본인 집이 압류되어 있을 것이다. 연락해 달라'라는 내용을 적어서 세입자들 집 대문에 꽂고 제보를 기다렸다.

자신이 세 들어 살고 있는 빌라가 집주인의 세금 체납으로 압류된 사실을 알고 있는 세입자는 없었다. 집이 압류되어 있다는 걸 알고 있느냐는 김효신 기자의 질문에 급히 등기부등본을 떼어 본 세입자들은 놀라고 어이가 없었다. 자신이 살고 있던 집에 압류 딱지가 붙어 있는 걸 세입자에게 알려 준 사람은 아무도 없었다. 본인이 매일 집이 등기부등본을 떼어 보지 않는 이상 알 수 없는 상황이다. 그들이 집주인인 권 씨에게 연락하자, 그는 '다음 세입자를 구해 오든, 매매자를 구해 오든, 집을 경매에서 낙찰받아서 살아라. 나보고 어쩌라는 거냐?'라고 답했다. 압류당한 집에 누가 들어오느냐는 세입자의 반박에 권 씨는 '파산하는 마당에 잘 해결해 보자는 거 아니냐?'라며 뻔뻔한 태도였다.

일단 전세를 연장하면서 방법을 찾으려는 세입자도 많았다. 하지만 그들은 은행으로부터 전세 자금 대출 연장을 거부당했다. 담보가 압류된 불량 물건이라는 이유였다. 계약 만료 시점이 오면 자기 돈으로 전세 대출을 갚아야 할 상황이 된 세입자들은 갈 곳이 없어진 셈이다.

그러던 중 본인이 전세 사기를 당했다는 걸 깨달은 한 세입자가 자신의 친구에게 하소연하다가 친구의 집주인과 본인의 집주인의 전화번호가 같다는 걸 알게 되었다. 뒷자리 2400. 친구의 집주인은 여성인 박 씨고, 본인의 집주인은 남성인 권 씨인데 같은 전화를 쓴다는 것을 알게 된 것이다. 이를 계약서를 보고 확인한 김효신 기자는 박 씨가 소유한 빌라가 무려 8백 채라는 걸 알게 되었다. 권 씨가 소유한 빌라는 1,277채. 권 씨와 박 씨가 소유한 빌라의 수를 합치면 2천 채가 넘는 것이다. 제보를 받다 보니 똑같은 수법의 김 모 씨가 추가로 확인됐고, 그녀의 전화번호도 2400이었다. 마지막으로 추가된 최 모 씨도 2400으로 끝나는 같은 전화번호를 사용했다. 네 명이 한 팀이었고, 이들이 전세 사기를 진행한 빌라는 3천 채가 넘었다.

보도가 나가고 하루에 제보가 50건이 넘게 쏟아졌다. 그중에는 양심 고백을 한 공인중개사도 있었다. 10% 분양 수수료는 아무것도 아니라고 했다. 빌라 분양이 잘 안 되면 20%를 수수료로 받기도 했다. 이는 모두 세입자의 전세금을 올려 받는 걸로 충당했다. 세입자들은 2억이나 2억 2천이나 전세 자금 대출을 받았을 때 내는 이자에는 크게 차이가 나지 않기 때문에 체감하기 어려웠고, 이를 악용한 수법이다.

> 깡통 전세 갭 투자 사기당해서 소송 진행 중이다. 우리 집 말고도 같은 빌라 4세대가 같은 놈에게 당한 것 같다. 삶에는 언제나 어려운 숙제가 주어진다. 그 숙제들을 열심히 해내며 넘겨 왔는데, 이처럼 어려운 숙제가 주어지다니.

대댓글 **댓글 읽어주는 기자들**

>> 더 빨리 취재하고 더 빨리 보도했다면 피해자들이 더 빨리 대처할 수 있었을 텐데 하는 아쉬움이 남습니다. 언론이 늘 현장의 목소리에 귀 기울이고 많은 이의 삶에 촉각을 곤두세워야 한다는 교훈을 얻게 된 취재 후기였습니다.

집값 하락으로 인한 깡통 전세 문제를 취재하던 김효신 기자가 '빌라의 신' 권 모 씨를 발견하고 전세 사기로 취재 방향을 바꾼 건 이례적인 일이다. 이 같은 장편 탐사 보도는 일반적으로 해당 기자의 아이템이 방송될 날짜를 받아 놓고 취재를 진행하는데, 취재 도중 기존에 발제했던 주제와 달라질 경우 그만큼 취재에 시간과 품이 더 많이 들기 때문에 기자 입장에서는 피하고 싶은 상황이다. 하지만 김 기자는 깡통 전세의 규모가 상상했던 수준보다 훨씬 많고 특정 인물들이 조직적으로 진행한 대규모 전세 사기 범죄였다는 사실을 추가 취재를 통해 밝혀 냈다. 김 기자의 취재 과정에서 전세 사기 피해자들은 자신의 집 압류 사실을 비교적 일찍 알게 됐고 법적 대응에 나설 수 있었다. 김 기자가 현장을 들쑤시고 다니지 않았다면 세입자들은 재계약 순간까지 몰랐을 수도 있다.

김효신 기자가 취재한 바에 따르면 2018년에서 2019년 사이에 다단계 사기 전과자들이 부동산 전세 사기 쪽으로 대거 유입되었다고 한다. '거마 대학생(서울시 송파구 거여동과 마천동에 퍼져 있던 불법 다단계에 피해를 입은 대학생)' 이슈 등으로 다단계 사기에 대한 경각심이 높아지자 사기꾼들이 당대에 제도적 허점이 가장 큰 분야인 부동산 임대업 쪽으로 이동하며 사기 행각을 이어 간 것이다. 사기꾼들의 다음 타깃은 어디일까? 이 피해를 최소화하기 위해서 언론이 해야 할 일은 무엇일까?

'이야기 안 되는 제보는 없다'라는 말이 있다. 기자 생활을 오래 하다 보면, 쏟아지는 제보에 심신이 피로해지는 경험이 많다. 근거 없는 음모론이나 남에 대한 일방적 험담, 일단 현장으로 취재를 나와 달라는 막무가내 요구도 있다. 기자 입장에서는 이 중에서 옥석을 가려 취재에 돌입해야, 시간과 자원을 절약할 수 있기에 '이야기 안 되는 제보'라는 생각이 들면 적당히 돌려보내는 경우가 적지 않다. 하지만 그중 중요한 제보가 섞여 있을 수도 있다. 기자가 취합한 데이터 속에 대형 위기의 전조가 묻혀 있을 수도 있다. 어떤 기자는 운이 좋아서 좋은 보도를 했다고 하지만 그렇지 않다. 그 운은 어느 기자에게나 찾아오지 않는다. 제보 하나하나를 놓치지 않는 기자, 산더미 같은 서류와 끝도 안 보이는 숫자 속에서 맥을 짚어 내는 기자에게 세상에 도움이 될 기회가 찾아가는 법이다.

김 기자
코멘터리

김효신 기자의 '빌라의 신' 관련 보도 이후에도 이와 비슷한 전세 사기 보도가 줄을 이었다. 그리고 한동안은 전세 사기 기사가 잠잠한가 싶었는데, 2023년 가을, 새로운 사건이 터졌다. 바로 '정 씨 일가 수원 전세 사기' 사건이다.

앞선 전세 사기 사건은 기자의 취재로 피해자들이 사안의 심각성을 알게 됐지만, 수원 전세 사기는 한 세입자가 빌라 전세금을 돌려받지 못하는 '사고'가 터지면서 세상에 알려졌다. 나는 〈9층시사국〉이라는 KBS 2TV 지상파 프로그램 소속으로 해당 이슈를 직접 취재하게 되었다.

수원 전세 사기는 김효신 기자가 취재한 전세 사기와 기본 얼개는 같지만 '공동 담보'라는 꼼수를 추가해서 더 진화한 형태다. 간단히 설명하자면 세입자가 계약할 때 등기부등본을 떼면 해당 물건에 근저당, 즉 대출이 얼마나 낀 상태인지 알 수 있다. 그런데, 이 경우에는 예를 들어 5층짜리 빌라가 50억이라고 치고 9억의 대출이 있다는 식의 서류를 보게 된다. 그러면 세입자는 대출이 크지 않다는 생각을 하고 안심하고 전세금을 입금한다. 그런데 알고 보니 9억의 대출은 건물 전체의 대출이 아니라 한 층의 세 호실을 '공동 담보'로 잡고 일으킨 대출이었다. 다시 말해 층마다 9억의 대출이 있던 셈이었다. 결국 50억짜리 그 건물 전체의 대출은 45억이었다. 하지만 세입자 입장에서는 등기부등본만 보면 이게 건물 전체의 대출인지, 공동 담보 대출인지를 알 길이 없는 제도적 허점을 악용한 사례였다.

지금까지 확인된 피해자는 고소인만 4백 명이 넘고, 피해액은 8백억을 넘어섰다. 피해자는 대부분 사회 초년생이다. 지금도 피해를 호소하는 사람은 늘고 있다. 사기 수법은 날이 갈수록 교묘해지고 빠르게 발전한다. 피해자들은 절박했다. 누군가에게는 사기로 꿀꺽할 수 있는 1~2억이지만 피해자에게는 평생을 모은 돈이었다. 그 돈으로 첫 보금자리를 꾸리고 결혼을 계획하던 청춘은 모두 지옥을 경험하고 있다.

기자로서 그들을 도울 방법은 지상파로 보도하고, 유튜브에 영상을 올리는 일뿐이다. 그리고 지금 책에도 쓰고 있다. 불행 중 다행으로 여러 언론의 집중 조명이 이어지자, 2023년 2월 정부가 전세 사기 예방 및 피해 지원 방안을 발표했다. 이마저도 충분한 해결책은 아니겠지만, 부디 피해자들에게 도움이 되길 바란다.

기사에서 영화로 나아간 이야기

> 영화나 책이 세상을 바꿀 수는 없지만, 세상을 바꾸려는 생각을 품게 만든다는 말을 들은 적 있거든요. 감독님이 만든 영화도, 〈댓읽기〉도 세상을 바꾸려는 생각을 하게 한다는 점이 닮았네요.

정주리 감독의 인터뷰를 앞두고 〈책읽기〉의 두 기자는 정 감독을 왠지 강한 인상에 자기주장도 세고 위압감이 드는 사람일 거라고 생각했다. 그런 사람이라야만 많은 사람을 이끌고 영화를 만들 수 있을 거라 생각했기 때문이다. 〈댓읽기〉의 확장판인 〈책읽기〉에 영화 〈다음 소희〉를 만든 정주리 감독이 출연했다. 그녀는 예상과는 달리 차분하고 매너 있는 인상이었고, 자기 이야기를 조근조근 풀어놓으면서도 진행자를 배려하는 따뜻한 분위기의 사람이었다. 정 감독은 첫인사와 함께 본인이 〈댓읽기〉 애청자로, 4년 전부터 구독 중이라고 했다. 사회를 바라보는 비판적 시선과 약자를 대하는 따뜻한 시선을 지닌 정 감독과 〈댓읽기〉의 주파수가 일치해서였을까.

〈다음 소희〉는 2017년 LG유플러스 협력 업체이던 콜 센터에서 일하다 스스로 목숨을 끊은 홍수연 양의 실화를 바탕으로 만들어진 영화다. 특성화고등학교 3학년인 소희는 학교 선생의 추천을 받아 전화로 인터넷 상품을 해지하려는 고객을 설득해서 해지하지 않도록 방어하는 일을 맡게 된다. 소희는 일하면서 인격적인 모욕과 조직의 부당한 처우, 낮은 임금, 잦은 야근에 시달리다 비극적 선택을 하고 만다. 이 사건을 수사하게 된 형사 유진은 처음에는 단순 자살 사건으로 생각했지만, 수사하면서 어른들의 욕심과 무관심, 책임 회피가 한 소녀를 죽음으로 몰아간 사건의 이면을 알게 된다. 결국 학교, 회사, 정부 그 어느 곳에서도 소희의 죽음을 책임지지 않는다는 절망적인 엔딩이 인상적이다.

정주리 감독은 영화를 제작하기 전까지는 이 사건을 자세히 알지 못했다고 한다. 사건이 발생한 2017년 봄은 당시 박근혜 대통령 탄핵 관련 뉴스가 한국 사회를 뒤덮고 있던 때다. “아빠, 나 콜 수 못 채워서 늦어.”라는 말을 남기고 사라진 고등학생의 죽음에 대한 뉴스는 묻힐 수밖에 없었다. 하지만 정 감독은 이 사건뿐 아니라 홍수연 양이 사망한 해 11월에 음료 제조 공장에서 현장 실습하던 이민호 군이 프레스기에 눌려

숨지는 등 비슷한 사건이 끊이지 않는 현실을 보면서 "뭔가 계속 목구멍 안에서 잡아끄는 기분이 들었다."라고 했다.

대통령의 탄핵도 중요한 사회적 사안이지만, 이 사회를 함께 살아가는 청년이 겪을 수도 있는 사건을 외면할 수 없다는 생각이 꾸준히 이어졌다는 설명이다. 어떻게 한 학생을 교육제도라는 미명하에 이렇게까지 몰아붙일 수 있는지, 어떻게 아무도 책임을 지지 않을 수 있는지, 그리고 어떻게 그 제도가 계속되고 있는지 도저히 이해되지 않았다. 정 감독은 기자들이 매일 하는 일을 좀 더 긴 호흡과 대중적인 영화라는 매체를 통해서 해낸 것이나 다름없다.

영화 초반에 소희를 담당하는 팀장이 등장하는데, 처음에는 소희를 괴롭히는 빌런인가 싶지만 직원들에게 따뜻하게 대해 주다가 소희와 같은 아이들을 회사가 부당하게 대하고, 본인도 그 시스템의 일부였다는 데 대한 내부 고발의 유서를 남기고 스스로 목숨을 끊는 인물이다. 이 인물의 모티브는 실제로 홍수연 양이 자살하기 3년 전에 해당 업체의 같은 부서에서 일하다가 내부 고발하는 내용의 유서를 남기고 스스로 목숨을 끊은 팀장이다. 두 인물은 현실에서는 3년의 시간 차 때문에 서로 만나지 못했지만 영화에서는 함께 등장한다. 영화에는 팀장의 자살 이후 그에 대한 회사의 대응과 그걸 지켜보는 소희의 변화가 입체적으로 그려진다. 팀장의 사건을 쉬쉬하고 책임을 회피하며 마치 없던 사람처럼 모두의 기억에서 지워 버리려는 회사 간부들의 모습, 이를 보며 '나도 괴물이 되지 않으면 저렇게 되겠구나' 하는 방어적인 생각에 감정이 메마른 괴물이 되어 가는 소희의 모습은 그 자체로 비극이다. 정 감독은 파편화되어 있는 각 사건에 대한 기사를 한데 모아 씨줄과 날줄로 엮어 한 편의 비극으로 쏟아냈다.

정 감독은 이 영화를 '고립된 청년이 죽음을 선택할 수밖에 없는 상황에 대한 이야기'라고 설명했다. 그러면서 김훈 작가의 수필에 대해 얘기했다. 화마에 고립된 소방관은 죽을 수밖에 없다. 하지만 외부에서 소방관이 거기 있다는 사실을 한 명이라도 알고 있다면 희망이 있는 것이고, 손을 내밀면 살 수도 있다는 내용이다. 청년도 마찬가지다. 영화 속 소희는 부모님이 있고 친구도 많다. 학교 선생님도 있고 회사 동료들도 있었다. 하지만 고립되어 죽었다. 소희의 상황에 대해서 그 누구도 진지하게 들어주지 않았기 때문에, 소희가 불길에 휩싸여 있다는 걸 아무도 몰랐기 때문이다. 이 이야기를 하며 소희로 표현된 홍수연 양의 유가족이 많이 힘들었을 것 같다는 질문에 정 감독은 "영화에서 소희의 부모님이 얼마나 후회하고 자책하는지 제대로 담기 위해 노력했다."라고 답했다. 사건 이후에 홍수연 양의 아버님은 '투사'가 되었다고 했다. 이 같은 처우 개선을 위한 운동에 나섰고, 국회에 상주하며 관련 법 제정을 위한 시위도 오래 했다고 설명했다. 등장인물 중 배두나 배우가 연기한 형사 유진은 학교부터 회사, 교육청까지 샅샅이 뒤지며 사건의 전말을 조사하고, 아무도 책임지지 않는 상황을 목도한다. 유진의 실제 모델은 홍수연 양의 아버지다.

영화 속 유진의 역할은 기자가 해야 할 일이기도 하다. 사회적 스피커를 갖지 못한 약자의 이야기에 귀 기울여 고립된 사람들이 생겨나지 않도록 하고, 누군가 억울한 죽음을 당했을 때 구조적 문제가 있는지 발로 뛰어 취재하고, 제도적 허점이 있다면 이를 지적해 법제화를 촉구하는 과정이야말로 언론이 가장 잘할 수 있는 일이자, 언론의 존재 가치를 드러내는 일이기도 하다. 많은 기자가 이 사건이 알려진 후 취재에 돌입했겠지만, 홍수연 양의 죽음 직후 그녀의 아버지가 홀로 동분서주하며 차가운 현실을 마주했을 때 겪었을 외로움과 분노를 가늠하기는 어려울 것이다. 정 감독이 시나리오를 완성하고 영화를 제작해도 되겠냐고 묻기 위해 만난 홍수연 양의 아버지는 정 감독에게 "왜 이렇게 돈도 안 되고 힘든 영화를 하려고 하느냐?"라며 오히려 걱정해 주었다고 한다.

영화에 등장하는 어른들이 소희의 죽음을 대하는 자세는 한결같다. '마음은 아프지만, 어쩌겠나? 나는 내 할 일을 했을 뿐이고 책임은 없다'라는 것이다. 엔딩도 답답하기 그지없다. 형사인 유진이 소희의 죽음에 대한 책임을 묻기 위해 동분서

주하며 담당자들에게 찾아가지만, 지방 교육청까지 찾아간 끝에 만난 담당 직원에게 '어디까지 가서 따지시게요? 교육부까지 가시렵니까?' 하는 질문을 받았을 때, 그는 벽에 막힌 듯 멈추고 만다. '사이다 엔딩'을 선호하는 요즘 관객의 감성과 다르게 '고구마 엔딩'을 선택한 이유가 무엇이었냐는 질문에 정 감독은 현실이 그렇기 때문이라고 답했다.

정 감독에 따르면 학교에서 회사, 회사에서 교육청, 교육청에서 교육부, 교육부에서 국회로 더 책임이 크고 결정권이 센 곳으로 따져 물을수록 이야기는 실제 사건과는 멀어지고 이를 풀어 가는 절차는 복잡해진다. 그래서 하나의 구체적인 사건이 지닌 힘은 약할 수밖에 없고, 그 약한 모습 자체를 보여 주고 싶었다고 했다.

▶ 개봉 첫 주에 관람했어요. 다시 보고 싶지만, 시간 때문에 재관람은 어려울 거 같은데도 예매했습니다. 이 영화가 극장에 오래오래 걸려 있기를 바라는 마음입니다.

대댓글 댓글 읽어주는 기자들

▶▶ 창작자를 인터뷰할 때는 그 콘텐츠를 꼼꼼히 보고 만나고, 이야기할 수 있는 충분한 시간을 길게 드리는 게 깊은 이야기를 들을 수 있는 방법인 것 같습니다. 특히 기사로 시작해 영화로 나아

간 이야기인 만큼 묻고 싶고, 듣고 싶은 이야기가 많았습니다.

〈책읽기〉는 두 기자와 출연자가 긴 시간 편안하게 대화를 나누는 것만 같은 인터뷰 콘셉트가 특장점인 방송이다. 그런 까닭에 출연자에게 다른 곳에서 듣지 못한 이야기를 들을 수 있다. 정 감독은 영화를 본 관객의 반응에 대해 이야기하던 중, 본인이 생각지도 못한 관람 후기를 소개하기도 했다. 일반적으로 이 영화를 본 관객은 누군가는 저런 부당한 현실을 바꿔야겠다고 결심할지도 모른다. 그런데 자녀와 함께 영화를 보러 와서 그들에게 '평소에 공부 열심히 안 하면 저렇게 된다. 그러니 공부 열심히 해라'라고 조언하는 학부모가 의외로 있더라는 것이다. '실업계 고등학교 가면 저렇게 된다'라는 편견을 공고히 하는 자료로 본인의 영화가 소비되는 현실을 접하면서 정 감독은 놀랐고 착잡했다고 한다. 같은 영화를 보고도 해석과 판단이 다른 우리 사회의 단면을 보는 듯하여서 〈책읽기〉 기자들도 충격을 받았다.

영화를 보다 보면 영화적으로 과장했을 것이라고 생각하는 경우도 많다. 하지만 어떤 경우에는 현실이 너무 비현실적이라 영화에서 수정하기도 하는데, 이 영화에도 그런 부분이 있다. 콜 센터에는 고객이 인터넷 결합 상품을 해지하려고 전화하면 다른 부서에 연결해 주겠다며 계속 전화를 돌려서 고객을 지치게 만드는 이른바 '뺑뺑이'라는 수법이 있다. 영화에서는 최대 28번까지 뺑뺑이를 돌렸다는 대사가 나오는데, 정 감독이 취재한 바로는 72번이나 뺑뺑이를 돌려 고객의 해지를 방어했다는 사례가 있다. 고객도 고객이지만, 이걸 수행한 콜센터 직원도 모멸감을 느꼈을 것이다. 정 감독은 72번 돌렸다고 하면 관객이 믿지 않을 것 같아 28번으로 줄여서 대사를 썼다고 했다.

정 감독이 영화를 준비하던 2021년에도 '요트 업체에서 따개비 제거하던 고교 실습생 숨져'라는 제목의 기사가 나왔다. 당시 직업계 고등학교 학생이던 18살 홍정운 군은 업체 대표의 지시로 잠수 자격증이 없으면 할 수 없는 수중 따개비 제거 작업에 투입됐다. 정 감독은 이런 일이 또 발생했다는 데 참담함을 느꼈고 영화 제작에 더 마음을 쏟았다고 한다.

정 감독은 인터뷰 내내 기자들이 취재해 놓은 바가 큰 도움이 되었다고 이야기했다. 어찌 보면 〈다음 소희〉와 같은 실화가 기반이 된 영화는 기자들과 감독의 협업이라고 볼 수도 있지 않을까? 기자들의 기록이 감독에게 영감을 주기도 하고, 중요한 자료가 되기도 하니 말이다. 그렇다면 사회의 문제점을 예리하게 파고드는 취재와 더 자세하고 정확한 기사 작성이 좋은 영화의 탄생에 기여한다고 볼 수도 있겠다. 기자와 언론이 더욱 책임감을 가져야 하는 지점이다.

김 기자 코멘터리

정주리 감독처럼 우연히 〈댓읽기〉 구독자를 마주치는 경우가 종종 있다. 〈다음 소희〉를 보러 간 극장에서도 내 뒷자리에 앉은 분이 반갑게 인사해 준 적이 있다. 방송 기자와 유튜버의 경계 어디쯤에 있는 나의 독특한 입지 덕분에 알아보는 사람이 비교적 많아진 편이다. 누군가가 알아봐 준다는 건 감사한 일이다. 정주리 감독처럼 섭외 단계에서 본인이 〈댓읽기〉 구독자였다고 고백하는 경우에는 훨씬 부드럽게 섭외가 이루어지기도 한다. 반갑고 즐거운 경험이지만, 이로 인해 나는 더욱 나의 사생활에 신경을 쓰지 않을 수가 없게 되었다. 다음과 같은 일들을 겪으면서부터였다.

하루는 〈댓읽기〉 영상을 업로드하고 저녁 약속 장소로 이동했다. 영상이 처음으로 공개(이를 '최초 공개'라고 한다)될 때 구독자들과 채팅을 하고 있었는데, 내가 술을 마시고 있다고 하자 구독자들이 걱정을 담은 글을 채팅 창에 쓰기 시작했다. 절대 음주 운전을 하지 말라는 이야기였다. 당시 음주 운전과 관련된 사건 사고가 이슈였기 때문에 그랬겠지만, 구독자들은 '네가 만드는 〈댓읽기〉를 오래 보고 싶으니 제발 음주 운전 같은 사고 치지 말고 그 자리에 있어 달라'라는 반 협박성 조언을 이어 갔다. 당연히 음주 운전은 하지 않거니와 술 약속 있는 날은 차도 갖고 가지 않는 나로서는 그들을 안심시키느라 바쁘게 채팅 창에 글을 썼는데, 마음 한구석이 따뜻해졌다. 한 번 만나지도 않은 나라는 사람을 이렇게 진심으로 걱정해 주고, 망가지지 않기를 바라 준다는 생각이 들어서다.

또 한 번은 친구와 길을 걷다가 차가 거의 없는 외진 곳에서 편도 1차로, 왕복 2차로의 횡단보도를 건너게 된 일이 있었다. 신호는 방금 바뀌었는지 한참을 기다려야 했고, 양쪽으로 차들이 거의 오지 않는 상황, 친구가 그냥 건너자고 했다. 나도 '그럴까?' 하고 생각하며 고개를 들었는데 갑자기 맞은편에 지나가던 승용차가 멈추더니 창문이 내려가며 운전자가 내게 말을 걸었다. "〈댓읽기〉 김기화 기자죠? 잘 보고 있습니다!" 아무 생각 없이 무단 횡단을 했다면 그 구독자도 민망해서 내게 인사하지 못했을 테고, 나를 교통 법규도 제대로 안 지키는 사람이라고 생각했을 테고, 무단 횡단이나 일삼는 기자가 하는 이야기를 믿을 수 없었을 것이다.

나를 알아보고 인사하는 사람보다 아는 척하지 않는 사람이 더 많을 것이다. 따라서 나는 어디에서 누가 봐도 부끄러운 행동을 하지 않는 사람으로 살 수밖에 없게 됐다. 구독자를 실망시키는 게 가장 두렵기 때문이다. 누군가는 연예인 병이라며 놀려 댈지도 모른다. 하지만 스스로 몸가짐을 단정히 하게 되는 것이 연예인 병이라면 백신이라고 생각하고 조금은 보유하고 있어도 좋을 것 같다.

〈댓읽기〉 비하인드

〈댓읽기〉에 대한 KBS 보도본부의 반응은 어떠했는지 궁금합니다. 그리고 〈댓읽기〉 영상을 완성한 후에는 상부 어느 선까지 보고하나요? 주제 선정 단계부터 보고서를 제출하는지, 기획부터 영상 촬영과 편집, 채널에 업로드할 때까지 〈댓읽기〉 내에서 알아서 하는지 궁금해요.

김기화 기자가 2018년 〈댓읽기〉 기획안을 써서 사내에 돌리고 시험 녹음을 제출하며 유튜브를 하겠다고 했을 때, 선배 기자들은 그를 딱히 말리지 않았다. '그래, 잘해 봐라' 정도의 반응을 보였다. 김 기자는 몇 년 후 이 방송을 하도록 허락해 준 선배들에게 당시 상황을 들을 기회가 있었다. 〈댓읽기〉를 하도록 내버려 둔 가장 큰 이유는 '기화가 한두 달 하다 말겠지' 하고 생각했기 때문이라고 한다. 그러던 채널이 구독자 10만이 넘고 여기저기 기사도 나고, 방송이 계기가 되어 김기화 기자가 이곳저곳 강연도 다니며 프로그램의 덩치가 커졌다. 프로그램이 여기저기 소문나면서, 그가 방송에서 한 이야기가 돌고 돌아 선배 기자들에게 들어가기 시작했다. 긍정적인 내용도 있었지만, 부정적인 내용도 있었다. 정치 이슈를 다

루기 시작하면서 정치 편향성에 대한 지적도 시작됐다. 사내 게시판에 '왜 〈댓읽기〉를 가만히 두느냐'라는 글이 올라오기도 했다. 상식적인 선에서 언론과 기사를 공정하게 지적하고 평가하고자 했지만, 그렇지 않게 본 사람도 많았다. 채널 기획자인 김기화 기자도 선배 기자들의 불안을 잘 이해하고 있었다. KBS에서 만든 콘텐츠이지만 팀장급 간부의 데스킹을 거치지 않는 내용이었다. '김기화가 알아서 잘 할 것'이라는 신뢰가 있더라도 여기저기서 들려오는 비판에 대한 염려, 〈댓읽기〉에서 사고가 터진다면 누가 책임질 것인가에 대한 걱정 등 기존에는 해 본 적 없고 할 필요 없던 고민이 샘솟는 방송이었다. 그래서 누군가에게는 시한폭탄 같은 존재인데 없애자고 할 명분은 부족한 '앓는 이'와 같은 존재였다.

그런 와중에 새로운 도전에서 오는 긴장감과 발칙함이 매력인 〈댓읽기〉가 멈추지 않도록 도와주려는 선배도 많았다. 김 기자가 작성한 〈댓읽기〉 기획안을 읽고, 시험 방송 녹음을 들은 후에 "재미있네! 잘 해 봐!"라며 방송을 시작할 수 있도록 제작을 허락해 준 당시 보도본부장, 〈댓읽기〉를 시작하고 몇 년이 지난 뒤에 본인의 임기 동안 〈댓읽기〉를 하도록 지원해 줘서 고맙다는 김 기자의 인사에 "내가 뭘 한 게 있나요? 그저 기화 씨의 도전을 묵인한 것뿐이죠." 라며 허허 웃은 당시 보도국장, 〈댓읽기〉가 사내에서 설화에 휩싸이자 편집회의에서 "〈댓읽기〉가 지금은 비록 부족한 면이 있지만 일종의 성장통으로 봐 주시면 감사하겠다."라며 감싸 준 당시 디지털 주간, 아이템 선정과 내용을 담당 팀장이 모두 데스킹 하라는 상부 지시를 받고 최대한 이 방송의 자율성을 보장해 주고자 상부와 불편한 논쟁을 감수한 디지털 팀장, 〈댓읽기〉를 지켜 주겠다며 손 내밀어 준 당시 시사제작국장과 팀장 등 많은 KBS 기자의 묵인과 격려, 응원이 있었기에 지금까지 방송을 이어 올 수 있었다.

이처럼 여러 사람의 도움과 배려를 받은 〈댓읽기〉에 대한 여러 반응을 지켜보던 김기화 기자는 흥미로운 현상을 하나 발견했다. 이 방송에 대한 호불호는 이념적 지향과는 크게 관계가 없다는 점이다. 사내 반응도 비슷했다. 결국 언론이 뉴미디어나 유튜브, 소통 콘텐츠를 수용하느냐 수용하지 않느냐는 어떤 정치적 진영에 있는지가 아니라 디지털 소통 콘텐츠에 대한 거부감 혹은 친근감의 정도에 따라 정해진다고 볼 수 있을 테다.

김기자는 이와 같은 현상을 대하며 나중에는 서로 정치적 견해가 다르지만, 소통 친화적인 다양한 기자와 함께 '〈댓읽기〉 확장판' 같은 콘텐츠를 만들어 보고 싶다고 생각하고 있다. 그는 이 실험을 과연 할 수 있을지 아직은 걱정스럽지만, 지금까지 〈댓읽기〉가 소통과 실험을 하며 계속되어 온 것을 앞으로 새롭고 진화한 콘텐츠 실험에 대한 긍정적 전망의 근거로 두고자 한다.

Epilogue

재미있는 소통을 계속할 거야

어쩌면 좋을까? 정부가 바뀌고, KBS 사장이 바뀌고, 보도국 간부진이 바뀌었다. 〈댓읽기〉를 시작하던 때와 그 환경이 많이 달라졌다. 시청자에게 작별 인사를 할 기회도 없이 9시 뉴스 앵커가 교체됐고, 〈더 라이브(KBS2, 2019~2023)〉가 폐지됐고, 라디오 시사 프로그램이 줄줄이 바뀌었다.

〈댓읽기〉 채널도 예외는 아니었다. 앞선 '사건'들이 벌어지고, 얼마 지나지 않아 김기화 기자 1인 라이브 방송이 금지됐고, 〈댓읽기〉 녹화 방송 출연 섭외까지 마친 KBS 기자들은 담당 부장과 팀장 등 간부 기자들의 반대에 부딪혀 전부 출연이 취소되었다. KBS 취재 기자들의 자발적 참여와 간부 기자들의 지원 또는 묵인으로 5년간 운영돼 온 〈댓읽기〉는 불과 며칠 만에 제작 동력을 잃게 됐다. 결국 2023년의 마지막 날, 김

기화 기자는 본인의 의지와 반대로 〈댓읽기〉 채널에 고별 방송 영상을 올려야만 했다. '이러저러한 사정으로 〈댓읽기〉 제작을 할 수 없게 되었고, 더 재미있는 포맷으로 언젠가 돌아오겠다'라는 내용의 영상이었다. 영상에는 2천 개가 넘는 댓글이 달렸다.

> ➢ 마지막에 김 기자님의 슬픈 웃음에 눈물이 왈칵하네요. 김 기자님이 살아온 인생의 한 페이지를 함께 공유할 수 있어서 행복했습니다. 〈댓읽기〉 덕에 기자님들을 한 뼘 더 이해할 수 있었고, '기레기'라는 단어 뒤에 보석 같은 기자님들이 숨어 있다는 것 또한 알았습니다. 결코 헛되지 않았고, 아쉬움이 가득한 이 이별이 꼭 상처만이 아니기를 간절하게 기도해 봅니다.

> ➢ 사람들이 KBS 기자 놈들 다 똑같다고 할 때, 그렇지 않다고 〈댓읽기〉를 보라고, KBS에도 옳은 정신으로 옳은 소리 하는 기자들이 있다고 말하며 기자들 편을 들어 줄 수 있던 마지막 프로그램이 문을 닫네요. 이제 누군가 KBS 기자들 욕을 하면 무엇으로 편을 들어 줘야 할까요?

> ➢ 〈댓읽기〉 기자님들 덕분에 기레기가 아닌 기자님들에게 애정을 느낄 수 있었습니다. 지금의 상황 탓에 〈댓읽기〉에서 기자님들

을 볼 수 없다는 게 화납니다. 부디 겨울 동안 옷 잘 챙겨 입고 있다가, 따뜻한 봄이 되면 다시 봐요.

➤ 의도에 따라 이렇게 시스템이 단기간에 무력화될 수 있다니, 놀랍고 허무합니다. 〈댓읽기〉와 함께한 지난 5년 정말 즐거웠습니다. 기레기들이 판치는 상황에서 오아시스 같은 역할을 해 주신 기자님들 감사합니다.

➤ 그동안 여러 고비 겪으면서도 잘 버텨 준다고 생각했는데, 이렇게 되어 정말 속이 상합니다. 〈댓읽기〉와 〈책읽기〉에서 나눈 의견들 그리고 함께 공유한 시간 잊지 않겠습니다. 비슷한 생각을 가진 사람들이 있다는 걸 느끼며 위로가 된 시간이었어요

➤ 김 기자님 그리고 다른 〈댓읽기〉 기자님들, 많이 힘들 텐데 힘내세요. 우리 같이 잘 버텨 봐요! 반드시 봄이 올 겁니다!!!

〈댓읽기〉 첫 방송에서 했던 말, '회사에서 제발 좀 그만하라고 할 때까지 하겠다'라는 선언은 현실이 되었다. 향후 이 채널을 KBS가 어떻게 활용할지는 알 수 없다. 다른 기자가 진행하게 될 거라는 소문도 있고, 아예 없애 버릴 거라는 이야기도

나온다. 유튜브 채널 방송 〈댓읽기〉의 운명은 이미 내 손을 떠났다. 어쩔 수 없지만, 속이 상하지만, 다행인 건 우리의 도전과 실패가 기록된 이 책 《댓글 읽어주는 기자들》이 존재한다는 점이다. 〈댓읽기〉 채널이 문을 닫은 상황에서 이 책의 존재 가치는 더욱 빛을 발하는 것이다. 이 책이 그저 KBS라는 방송사의 부족함과 한계를 들추는 글로만 읽히지는 않았으면 한다. 오히려 그 반대로, 한 조직의 배려와 몇몇 구성원의 열정 어린 의기투합이 있다면, 이 정도 흥미로운 이야기는 누구나 만들어 낼 수 있다는 희망으로 남기를 바란다.

〈댓읽기〉를 기획하고 운영하면서 가장 힘들던 점은 '물어볼 사람이 없다'라는 것이었다. 이 방송과 관련하여 5년간 맞닥뜨린 질문과 난관은 그 누구도 겪어 본 적 없는 일이 대부분이었다. 이제는 내가 직접 겪으며 얻은 답과 지혜를 이 책에 담을 수 있어서 얼마나 다행인지 모른다. 새로운 저널리즘에 도전하고 싶은 사람, 유튜브를 시작하고 싶은 직장인, 기자 지망생에게 많은 시행착오와 도전을 바탕으로 한 경험을 전할 수 있으리라 생각한다.

〈댓읽기〉는 KBS 기자들에 대한 대중의 오해를 풀고 싶었고, KBS 기사를 더 잘 알리고 싶어서 시작한 채널이다. 때로 나의 부족함 때문에 갈팡질팡했고, 이로 인해 많은 동료 기자에게 상처를 주기도 했다. 진심으로 미안하다. 하지만 오해가 아닌 경우도 많았다. 대중의 아픈 지적이 쏟아지는데, KBS 기자들이 받아들이지 않는 모습도 목격했다. 단순히 댓글을 대하길 싫어하는 데서 나아가, 댓글 자체를 수준 낮다며 무시하는 오만에 절망한 게 수차례였다. 〈댓읽기〉를 내려놓은 지금, 나는 그래도 기자와 대중 간의 소통이라는 화두는 내려놓지 않으려고 한다.

기자와 대중이 소통해야 한다는 생각을 매개로 댓글이 적절하지 않겠느냐는 아이디어는 언제 어디에서건 유의미할 것이다. 이 내용으로 학술 연구도, 방송도 하고 싶다. 1인 방송이건 토크쇼건 형식은 상관없다. '댓글 읽어주는 기자들'은 댓글을 매개로 기자들의 소통과 반성을 담겠다는 아이디어를 응축한 명명이지, 유튜브 채널의 이름에 국한되지 않는다. 5년 동안 KBS 기자들의 응원과 험담 사이에서 아슬아슬하게, 하지만 재미있게 만들어 왔다. 그 첫 번째 매듭으로 이 책의 마지막을 쓴다. 아쉽지만 담지 못한 이야기도 많다. 하지만 앞으로 해야 할 이야기가 더 많다. 〈댓읽기〉와 대부분의 KBS 기자들은 앞으로도 구독자와 시청자를 향한 진심을 담아 새로운 이야기들을 써 갈 것이다. 따스한 응원과 날카로운 질책을 아끼지 말아 주길. 한국 언론은 여러분과 우리가 함께 만들어 가는 조별 과제임을 알아주길. 또 만나요 꼭!